JN223560

被爆して崩れ落ちた浦上天主堂。左に落ちたアンジェラスの鐘が見える（ジョン・H・ローレンス・コレクション、米国立公文書館所蔵）

原爆はなぜ落とされた

安斎育郎 文／監修

わすれないヒロシマ・ナガサキ

1

毎年8月6日に行われる、広島の「ピースメッセージとうろう流し」(2024年8月6日、撮影:柿沼秀明)

新日本出版社

はじめに

「今年のノーベル平和賞受賞者は、ニホンヒダンキョウ！」

2024年10月11日夕方、ノルウェーのオスロでアナウンスされたノーベル平和賞受賞者の名前は、日本語で紹介されました。

毎年1月末までに、その年のノーベル平和賞候補が各国から推薦されます。推薦する資格をもつのはノーベル平和賞受賞者や国会議員や大学教授などです。私も「日本被団協」を推薦してきた立場にあるので、「やったー！」と感じました。

ニホンヒダンキョウの正式名称は「日本原水爆被害者団体協議会」です。1945年8月6日に広島に投下されたウラン原爆や、その3日後の8月9日に長崎に投下されたプルトニウム原爆による被害者たちが中心となって活動している団体です。ノーベル平和賞の受賞講演をした田中熙巳さんは92歳、被爆者の平均年齢も86歳になりました。

原爆は、それまでの「化学反応」を使った爆薬とは違って、ウランやプルトニウムという特殊な物質が起こす原子核分裂反応という「核反応」を使った、けた違いに大きな破壊力をもつ兵器で、「悪魔の兵器」とも呼ばれます。1939年～1945年の第二次世界大戦の末期にアメリカで開発され、開発されてから1か月もしないうちに広島と長崎に投下され、30万人をこえる人びとの命を奪い、生き残った被爆者たちにも生涯を通じて言葉で表せないさまざまな苦しみをあたえました。

この本は、なぜ「悪魔の兵器」が日本に投下されたのかについて学ぶとともに、それがどのような被害をもたらしたのかを知り、今後原爆をなくしていくためにはどのような課題があるのかを考えるための本です。

広島・長崎に原爆が投下されて以来、戦争で原爆が使われることはありませんでした。被爆者たちの叫びが原爆を使うことをなんとか食い止めてきましたが、これから二度と使われないためには原爆をなくすことが大切です。

高齢化しつつある広島・長崎の被爆者たちの思いを忘れず、原爆をこの世からなくすために私たちに何ができるか、さあ、いっしょに考えましょう。

ノーベル賞の証書と複製メダル（撮影：柿沼秀明）

Artist: Marie Buskov Calligrapher: Christopher Haanes Bookbinder: Kristine Bekkevold / Merkur Grafisk AS Photo reproduction: Thomas Widerberg
Copyright © The Nobel Foundation 2024

もくじ

わすれないヒロシマ・ナガサキ 1

原爆はなぜ落とされた

原爆とは？

アインシュタインが発見した原理

原爆に焼かれた長崎・浦上天主堂の聖人像（撮影：柿沼秀明）

1905年、科学者アルバート・アインシュタインは、質量（グラム単位ではかられる物質の量）はエネルギーの塊であることを発見しました。えっ、どういうこと!?

これがどれほどとんでもない発見かを理解するために、1円玉の質量（ちょうど1グラム）をアインシュタインの理論にしたがってエネルギーに換算（置き換え）してみると、トリニトロトルエン（TNT）という高性能火薬21,480,764,310グラム（＝2万1480トン）に相当するというのです。これは、大体、長崎に落とされた原爆の威力と同じです。

たった1グラムの質量が、長崎原爆の破壊力の塊だとは!!

別の言い方をすれば、長崎上空で原爆が爆発したとき、1グラムの質量が地上から消え失せ、破壊エネルギーに変わったということです。

このアインシュタインの「特殊相対性理論」を象徴する有名な式があります。

$$E=m\cdot c^2$$

m（エム）：物質の質量（キログラム）
c（シー）：真空中の光の速さ（＝299,792,458m／秒）
E（イー）：エネルギー（ジュール）

ニュートン物理学を塗り替えた男 アルバート・アインシュタイン

原爆の原理を発見したアインシュタイン

1905年 特殊相対性理論

えっ、ホント！

1円硬貨＝1グラム

＝

長崎上空に立ち上がったキノコ雲（米国立公文書館所蔵）

アインシュタイン、いわく「質量はエネルギーの塊である」

この式の意味は、m（キログラム）の物質は、$m \cdot c^2$（ジュール）のエネルギーの塊だということです。ジュールはエネルギーの単位で、トリニトロトルエン（TNT）火薬１グラムは4184ジュールに相当します。したがって、１グラムの質量をエネルギーに換算するには、上の式にm＝0.001kgと入れてE（ジュール）を計算し、最後に、4184（ジュール）で割り算すれば、１グラムの質量がTNT火薬何グラムに相当するかが計算されます。その答えが上に紹介した21,480,764,310グラム（＝2万1480トン）というわけです。すごいですね！

原爆の原理

原子核分裂反応の発見

ウラン原爆に焼かれた広島・原爆ドーム(撮影:柿沼秀明)

自然界には酸素とかアルミニウムとか鉄とか、いろいろな種類の原子がありますが、一番重い原子が「ウラン」です。なかでもウラン235は珍しい性質をもっています。原子はどれもプラスの電気を帯びた陽子と、電気的に中性な中性子という2種類の粒子でできていますが、ウラン235は陽子92個と中性子143個(合計235個)でできています。

ウラン235に外から中性子をぶつけると、パカッと二つに割れる珍しい現象が起こります。原子核分裂反応です。ウランは割れて二つの破片(核分裂破片)になりますが、このとき中から中性子が二つ三つこぼれおちます。こぼれおちた中性子がほかのウラン235にぶつかると、そこでも原子核分裂反応が起こります。こうして次つぎと反応が起こることを「連鎖反応」といいます。

ところで、右の図のように、ウラン235に中性子をぶつけたら二つに割れて核分裂破片2個と中性子2個がこぼれおちたとしましょう。このときとても不思議な現象が起こるのです。

核分裂反応が起こる前と後でなにが起こっているかを分かりやすく示すため、天秤ばかりで説明しましょう。図を見てなにか気づきませんか?

原子核分裂反応

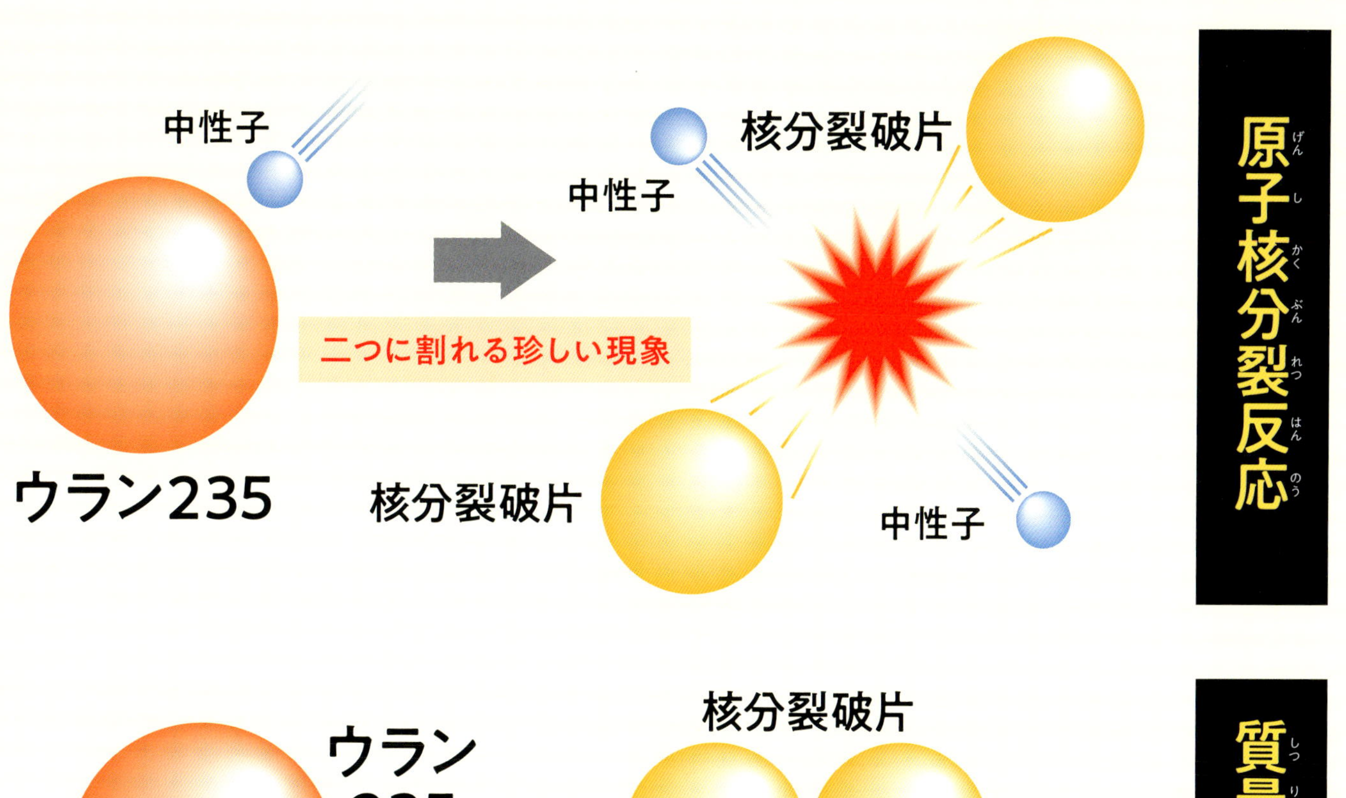

質量が消え失せた？

核分裂反応が起こる前と後で、後の目方が軽くなっているのです。つまり、質量の一部が消えうせるのですね。いったい消えうせた質量はどこに行ってしまったのでしょうか？

実はそれこそが、アインシュタインが発見した特殊相対性理論の関係にしたがって「エネルギー」に姿を変えたことを示しているのです。

これと同じ現象はプルトニウム239という原子でも起こります。原爆や原子力発電は、ウランやプルトニウムの原子核分裂反応にともなって質量の一部がエネルギーに変わる現象を利用しています。

ドイツの原爆開発

オットーとマイトナー（1912年、Wikimedia commonsから）

　第二次世界大戦が始まる1年前の1938年、ドイツのオットー・ハーンとオーストリアのリーゼ・マイトナーは、ウランに中性子をぶつけると核分裂反応が起こることを発見しました。さっそく科学者が集められ、ウランの核分裂連鎖反応を利用して原爆が作れないかが検討されました。

　天然のウランの主成分はウラン235とウラン238ですが、核分裂反応を起こすのは0.7％しか含まれていないウラン235だけです。天然ウランからウラン235だけを分離して取り出すのはとても困難だったので、天然ウランのまま連鎖反応を起こす方法が検討されました。

　ウラン235が核分裂すると中性子がこぼれ落ちますが、そのままだと天然ウランの99.3％を占めるウラン238に中性子が吸収されてしまい、ウラン235の連鎖反応がうまく起こりません。そこで、核分裂反応でこぼれおちる中性子のスピードをうんと遅くしてウラン238に吸収されにくくする方法が考えられました。そのためにはウランを「重水」と呼ばれる特殊な水に浸し、生まれたての中性子（高速中性子）をスピード・ダウンさせるのが有効と分かりましたが、重水は普通の水分子

ドイツのミュンヘン博物館で再現されたオットー・ハーンやリーゼ・マイトナーがウランの核分裂反応を発見するために用いた１９３８年当時の核分裂実験装置（Wikimedia commonsから）

の水素のかわりに「重水素」という重い水素原子でできており、簡単には手に入りません。そこでドイツはノルウェーにある世界最大の重水製造工場「ノルスク・ハイドロ電気化学工場」を占領しましたが1943年2月23日、この工場は、6人のノルウェー人の決死隊の手で爆破されてしまったのです。

当時のナチス・ドイツの総統アドルフ・ヒトラーは、戦況が差し迫っているため、「6週間以内に実戦に使える兵器」以外の研究は許可しませんでした。

こうしてドイツでは、原爆の製造は第二次世界大戦中には間に合わないと判断され、開発計画は中止されました。

真ん中はヴェモルクの水力発電所。その手前の建物がノルスク・ハイドロ重水工場（1935年撮影、Wikimedia commonsから）

アドルフ・ヒトラー（Wikimedia commons Sashi Suseshi投稿から）

日本の原爆製造計画

ウラン鉱採掘に動員された石川中学校生徒60人を含む集合写真。福島県石川町大内採掘場、1945年5月15日(石川町立歴史民俗資料館提供)

第二次世界大戦(太平洋戦争)中、日本には二つの原爆開発計画がありました。海軍の「F研究」と陸軍の「ニ号研究」です。

1940年当時、海軍は、海外の研究から、「約1グラムのウラン235に遅い中性子を当てて核分裂させると、ダイナマイト1万3500トン相当のエネルギーが出る」ことなどを認識しており、1941年5月に荒勝文策・京都大学教授に核分裂を用いた爆弾(原爆)の開発を依頼しました。「海軍F研究」の“F”は「核分裂」を意味する“fission”の頭文字でした。この研究には、後にノーベル物理学賞を受賞した湯川秀樹博士も加わっていました。

一方、陸軍航空技術研究所は1941年5月、理化学研究所に「ウラン爆弾(原爆)製造の可能性について」正式に研究を依頼し、これを受けて仁科芳雄主任研究員が研究に着手、1943年5月に「技術的にウラン爆弾製造は可能と考えられる」という報告書を提出しました。

しかし、工業力や人的資源の面でアメリカに劣っていた日本で原爆開発計画が成功する可能性はもともと低く、実際、基礎研究の段階で打ち切られるに至りました。

荒勝文策（Wikimedia commonsから）

仁科芳雄（Wikimedia commonsから）

海軍技術研究所は1942年、核物理応用研究委員会を設置して原爆開発研究を進めましたが、1941年12月8日の真珠湾攻撃で太平洋戦争を始めたものの、翌1942年6月にはミッドウェーの海戦で大敗北したこともあり、軍の内部でも、「電波兵器（レーダー）の研究を進める立場の者が余分なことに力を浪費している」と批判の声が上がり、原爆の開発研究は中止されました。この委員会で出された結論は「原子爆弾は明らかにできるはずだが、アメリカといえどもこの戦争中に実現することは困難だろう」というものでした。

荒勝文策教授が用いていた粒子加速器。1945年11月24日、GHQ（連合国軍総司令部）によって破壊された（Wikimedia commonsから）

アインシュタインの手紙

アルバート・アインシュタインとレオ・シラード
(©Universal History Archive/Universal Images Group/提供:Getty Images)

1905年に原爆の原理となる特殊相対性理論を発見したアルバート・アインシュタインは、ユダヤ人に対するドイツのヒトラーの弾圧を逃れてアメリカに渡りました。

1932年にはジェームズ・チャドウィックが「中性子」を発見しましたが、中性子は電気的に中性のため原子に当てるとスルスルッと入り込んで反応を起こしやすく、いろいろな原子に中性子を当てる実験が行われました。そしてついに、1938年、ウランに中性子を当てたオットー・ハーンらが核分裂反応を発見し、それを原爆に応用することが考えられるようになりました。

同じくユダヤ人科学者としてアメリカに渡っていたレオ・シラードは、ドイツでの原爆開発の可能性を心配し、アインシュタインがアメリカのルーズベルト大統領に手紙を書いて、アメリカ政府も原爆開発に関心を払うよう促すことを求めました。1939年8月2日、ついにアインシュタインは大統領に手紙を書きました。

アインシュタインは、ウランによる連鎖反応が強力な爆弾となりうることにアメリカ政府の注意を促し、政府と科学者を結びつける仕組み作りを訴え、ナチス・ドイツの原爆開発の可能性について示唆しました。

アメリカ政府が原爆製造計画「マンハッタン・プロジェクト」をスタートさせたのは3年後の1942年でしたが、アインシュタインは晩年この手紙に署名したことを後悔し、1955年に亡くなる間際には、哲学者のバートランド・ラッセルと「ラッセル=アインシュタイン宣言」を発表して、核兵器の廃絶を訴えました。

ルーズベルト大統領あてのアインシュタインの手紙

1939年8月2日

閣下、

手稿の形で私のところへ送られてきたE・フェルミとL・シラードによる最近の研究によって、私はウラン元素が近い将来、新しい重要なエネルギー源にできると予想するようになりました。現在の状況はいくつかの点で、注視と、必要に応じて政府による迅速な行動を要するものと思われます。よって以下の事実と提案を閣下にお伝えするのが私の務めであると考えます。

過去4か月の間に、フランスのジョリオ、またアメリカのフェルミとシラードの研究によって、大きな質量のウラン塊による核連鎖反応の実現が有望なものとなってきました。この反応は極めて強い力とラジウムに似た大量の新元素とを生成します。これが近い将来に実現することはほとんど確実に思われます。

この新たな現象はまた爆弾の製造につながるでしょうし、可能性はだいぶ下がりますが極めて強力な新型の爆弾を製造することも考えられます。この種の爆弾は1個でも、船で運んで港で爆発させれば、港全体を周囲の地域の一部もろとも楽々と破壊するでしょう。ただしこの種の爆弾は重すぎて航空機では運べないかもしれません。

合衆国には、ごく低質のウラン鉱石がそこそこの量で存在するだけです。カナダと旧チェコスロバキアには良質の鉱石がありますが、最も重要なウランの供給源はベルギー領コンゴです。

この状況に照らして、閣下は、政府とアメリカ国内で連鎖反応を研究している物理学者のグループとの間でさらに永続的な接触を保つことが望ましいとお考えになるかもしれません。これを実現する一つの可能性は、閣下の信頼する人物にこの仕事を託すことであり、その人物の立場は非公式なものとなるかもしれません。この人の仕事は以下のようになるでしょう。

a) 政府省庁と接触し、今後の進展について逐次伝え、政府の施策についての勧告を行うこと。この際特に、合衆国へのウラン鉱石の供給確保の問題に留意する。

b) 現在、大学研究室の予算の制限内で行われている実験研究の速度を上げること。そのために、もし資金が必要なら、この目的のために寄付したいという民間人と接触して資金を供給し、また場合によっては必要な設備を持つ企業研究所の協力を得る。

私の知るところでは、ドイツは実際に、同国が手に入れたチェコスロバキアの鉱山からのウランの販売を停止しました。こうしたいち早い行動をドイツが取らねばならなかったことを理解するには、ドイツ外務次官フォン・ヴァイツゼッカーの子息がベルリンのカイザー・ヴィルヘルム研究所に所属しており、同研究所が現在ウランに関するアメリカの研究の一部を追試しようとしていることが参考となるかもしれません。

敬具

アルバート・アインシュタイン

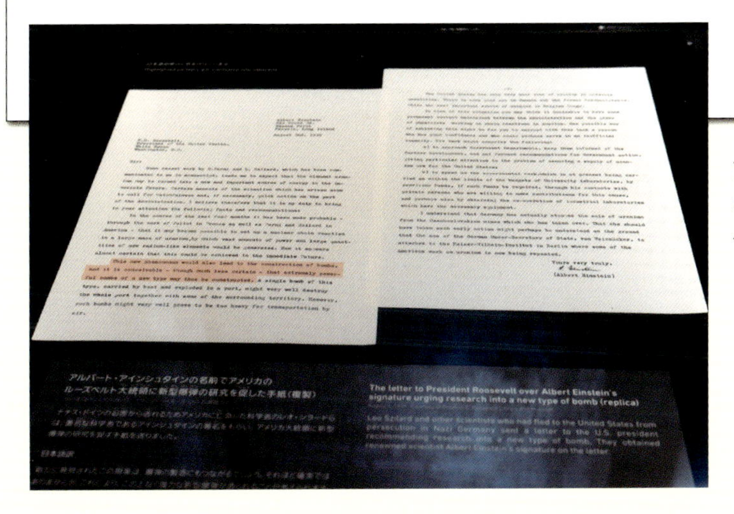

アルバート・アインシュタインのルーズベルト大統領あての手紙
(広島平和記念資料館に展示された複製、フランクリン・ルーズベルト図書館所蔵、提供:広島平和記念資料館、撮影:柿沼秀明)

マンハッタン計画

ウラン濃縮工場。アメリカ・テネシー州オークリッジ(2008年撮影、Wikimedia commonsから)

1938年にドイツでウランの核分裂反応が発見されたのを機に、アメリカでも核分裂についての研究が始まりました。しかし、1939年9月にドイツがポーランドに侵攻して第二次世界大戦が始まると、ドイツが先に原爆を開発すれば世界が独裁者アドルフ・ヒトラーに支配されるという危機感が高まりました。そして、1942年、アメリカは国家プロジェクトとして原爆をつくるための「マンハッタン計画」を発足させました。計画全体を指揮したのはレズリー・グローヴス将軍、科学研究面を指揮したのはロバート・オッペンハイマー博士でした。

最初の核実験爆発「トリニティ」ショットの有名なカラー写真。1945年7月16日、ロスアラモス研究所の特別工学分遣隊の一員としてジャック・エイビーが撮影(Wikimedia commonsから)

開発された原爆には2種類ありました。

一つはウラン235を材料にした「ウラン原爆」で、天然ウランの中にわずか0.7%しかないウラン235を分離・濃縮する必要がありました。そのためテネシー州オークリッジに巨大なウラン濃縮工場がつくられ、アメリカ全土の10%の電力を使ったとも言われます。

もう一つは人工元素プルトニウム239を材料にした「プルトニウム原爆」で、ワシント

原爆開発計画を指揮したレズリー・グローヴス将軍(左)と科学者ロバート・オッペンハイマー(Wikimedia commonsから)

オークリッジに置かれたY-12電磁的ウラン濃縮施設のシフト交代。1945年5月には、8万2000人の労働者がクリントン・エンジニア・ワークスでやとわれていた(Wikimedia commonsから)

原子力委員会管理棟、テネシー州オークリッジ。1946年ころ。マンハッタン計画のウラン濃縮施設の従業員(と家族)を収容するために1942年に設立された(Wikimedia commonsから)

Y-12電磁的ウラン濃縮装置を監視するオペレーターは、主に女性で、24時間中交代で働いていた(Wikimedia commonsから)

ン州ハンフォードにプルトニウム239を生産するための原子炉と化学分離工場がつくられました。プルトニムは自然界には存在しない元素で、天然ウランの99.3%を占めるウラン238に原子炉中で中性子を当てて人工的につくります。

　さらに、ニューメキシコ州のロスアラモス研究所では、原爆の設計と製造が進められました。

　そして、マンハッタン計画発足からわずか3年目の1945年7月16日、人類史上初のプルトニウム原爆が完成し、ロスアラモスから南に約300km離れたアラモゴードの砂漠で初めての核爆発実験が行われました。

ロバート・オッペンハイマー

黒板に公式を書くオッペンハイマー（Ⓒullstein bild Dtl.／ullstein bild／提供：Getty Images）

ロスアラモス研究所の所長としてマンハッタン計画を指揮したロバート・オッペンハイマー博士は、時に「原爆の父」と呼ばれることもあります。オッペンハイマーは「実際には使うことができないほど強力な兵器をつくって、戦争を無意味にしようと思った」と弟のフランク・オッペンハイマーに語ったと伝えられますが、この考え方はダイナマイトを発明したアルフレッド・ノーベルとよく似ています。しかし、現実には人間は開発した兵器は核兵器も化学兵器も生物兵器もすべて戦争で使いました。

広島・長崎への原爆投下の2か月後、オッペンハイマーはハリー・トルーマン大統領とホワイトハウスで初めて会いましたが、「大統領、私は自分の手が血塗られているように感じます」と語ったといいます。それに対して大統領はオッペンハイマーを「泣き虫」と激しく罵りました。

オッペンハイマーは、1947年にはアインシュタインらも務めたプリンストン高等研究所の所長に任命されました。

やがて、エドワード・テラーらが原爆の1000倍も強力な水爆（水素爆弾、核分裂で

ロスアラモス研究所に陸軍海軍E賞を授与する式典に出席するロバート・オッペンハイマー（左）、レズリー・グローヴス陸軍特殊兵器計画本部長（中央）、ロバート・スプロール（右）。1945年10月16日、ロスアラモスの牧場の家で（Wikimedia commonsから）

アルバート・アインシュタイン（左）とロバート・オッペンハイマー（Wikimedia commonsから）

はなく、核融合反応を利用した核兵器）の開発を進めると、オッペンハイマーはアインシュタインらと同様、「反対」の声を上げました。エレノア・ルーズベルト元大統領夫人とのテレビ討論では、「水爆の開発は、人類の倫理の根本に影響を与えます。恐怖に駆られてばかりいてはこの危機の時代を生き抜くことはできません。恐怖を乗り越える答えは歩み寄る勇気ではないでしょうか」と水爆開発に異議を唱えました。

すると、後に「水爆の父」と呼ばれるようになったエドワード・テラーらの批判を受け、1954年、「ソビエト連邦（ソ連）のスパイ」の疑いをかけられて私生活も監視されるようになり、1967年、62歳で失意のうちに亡くなりました。

2022年、アメリカ・エネルギー省のグランホルム長官は、オッペンハイマーを公職から追放した1954年の処分は「偏見に基づく不公正な手続きだった」として取り消しました。

ジョセフ・ロートブラット

パグウォッシュ会議開幕の前日、広島市中区の広島国際会議場で記者会見、「原爆投下は不必要だった」と語るロートブラット氏。1995年7月22日（提供：毎日新聞社）

ジョセフ・ロートブラット博士は、1908年ポーランド生まれの核物理学者です。中性子を発見したジェームズ・チャドウィック博士の招きでイギリスのリバプール大学で研究生活を送っていた時、病気のためワルシャワに残っていた妻トーラ・グリンさんがユダヤ人差別のため隔離されたベウジェツ強制収容所で亡くなりました。パートナーの死は博士の人生に深い影響を及ぼし、生涯独身を貫きました。

ジョセフ・ロートブラット著、安斎育郎ら訳『核戦争と放射線』（東京大学出版会、1983年）

博士は第二次世界大戦中にマンハッタン計画に招かれましたが、ナチス・ドイツが原爆を開発する可能性がないことが明らかになると、「このような恐ろしい死と破壊の道具はない方が世界のためだ」と確信して、ただひとりマンハッタン計画から離脱しました。とても勇気ある行動でした。

戦後、博士はセント・バーソロミュー医科大学教授となり、放射線科学の世界的権威になりました。アメリカとソ連が核兵器で激しく対立していた1950年代初めから、

8月5日に広島で開催された締めくくりのシンポジウム。7000人が参加しました。1977年8月5日（提供：中国新聞社）

次の年に発行されたシンポジウムの報告集日本準備委員会編『被爆の実相と被爆者の実情』（朝日イブニング社刊）

博士は、核兵器や戦争をなくすための国際的な科学者の「パグウォッシュ会議」運動で中心的な役割を担い、1955年には物理学者のアルバート・アインシュタインと哲学者のバートランド・ラッセルが呼びかけた「ラッセル＝アインシュタイン宣言」に賛同して世界に核兵器の廃絶を訴え、1995年にはノーベル平和賞を受賞しました。

1977年、広島で開かれた被爆問題シンポジウムに参加した時のことでした。

原爆資料館を見学した後、博士ら一行はタクシーで放射線影響研究所に向かいました。車中、ソ連の科学者がロートブラット博士に、「博士、あなたはマンハッタン計画に参加していましたね。とすると、いま原爆資料館で見た展示物はあなたの研究の成果ということになりますね」と問いかけました。私は「悪い冗談だ」と思いましたが、博士は静かに、「そうです。だから一つ一つの展示物の前で、私は胸が張り裂ける思いでした」と答えました。とても真面目な科学者でした。

原爆を運ぶ爆撃機B29の開発

1945年にはB29は広島・長崎に原爆を運べる性能をもつ爆撃機になった

たとえ原爆があっても、それを敵地まで運んで投下する方法がなければ、戦争では役立ちません。

いまでは「ミサイル」が核兵器運搬手段の主流ですが、第二次世界大戦のころは「爆撃機」がその役割を担っていました。

日本は1941年12月8日(アメリカ時間12月7日)にハワイの真珠湾を攻撃してアメリカと戦争を始めましたが、翌1942年にはミッドウェーの海戦で敗北し、占領していたアッツ島でも守備隊が全滅するなど、劣勢になっていました。そして、ついに1944年、日本軍が「ここだけは守らなければならない」と決めていた「絶対国防圏」の内側にあるテニアン島もアメリカの手に渡りました。

日本が初めてアメリカの爆撃機による攻撃を受けたのは、1942年4月18日の「ドゥーリトル空襲」でした。このときアメリカの爆撃機B25は航空母艦(飛行機が離発着できる軍艦)から飛び立ち、東京・横須賀・横浜・名古屋・神戸などに爆弾を投下しました。

アメリカはすでに1942年にB29戦略爆撃機を開発していましたが、B29は、約7トンの爆弾を積んで6100キロ飛ぶ能力がありました。テニアン島を占領すると爆弾を積んで日本まで往復できるようになり、日本の都市への空襲が始まりました。そして、ついに1945年8月6日広島にウラン原爆が、3日後の8月9日長崎にプルトニウム原爆が投下されました。

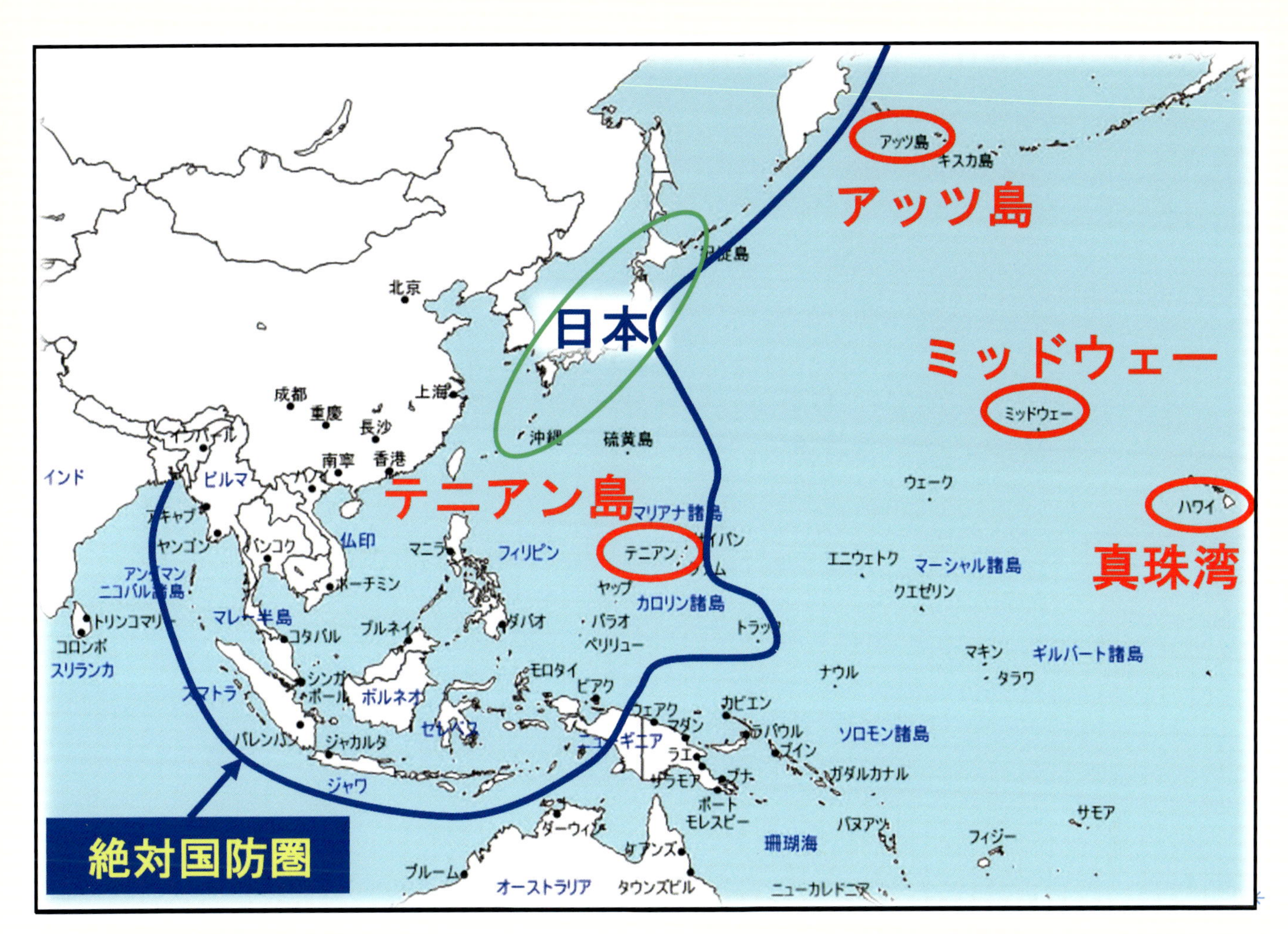

ドゥーリトル空襲

ジミー・ドゥーリトル中佐　　航空母艦を飛び立つB25　　（写真：米国立公文書館所蔵）

ついに原爆誕生

トリニティ実験

1945年7月16日にアメリカのニューメキシコ州アラモゴードの砂漠で行われた人類初の原爆実験「トリニティ実験」で生じた火球。使われた原爆は長崎に投下されたのと同じプルトニム原爆で、威力はトリニトロトルエン高性能火薬約2万5000トン相当（Wikimedia commonsから）

発足から3年、マンハッタン・プロジェクトはついに最初の原爆を組み立てる段階にたどりつきました。最初の実験はプルトニウムを使った原爆で1945年7月16日にニューメキシコ州アラモゴードの砂漠で行われ、オッペンハイマーによって「トリニティ・テスト」と名づけられました。「トリニティ」は「三位一体」と訳され、「父なる神、その子イエス・キリスト、人に宿り神への信仰を生む聖霊」が一つとなったものとされます。

不謹慎に感じますが、科学者の間では実験結果について「賭け」が行われていました。中には「爆発しない」と予測する科学者もいましたが、イジドール・ラービ（1944年、ノーベル物理学賞受賞）は、高性能火薬トリニトロトルエン（TNT）換算で1万8000トン相当と予想しました。一方では、「ニューメキシコ州が破壊される」とか、「大気が発火して地球全体が焼き尽くされる」という予測までありました。

実際の爆発威力はTNT換算で約2万5000トン相当で、ラービの推定がかなり的を射ていたことが分かりました。開発研究を指揮したオッペンハイマーは、強烈

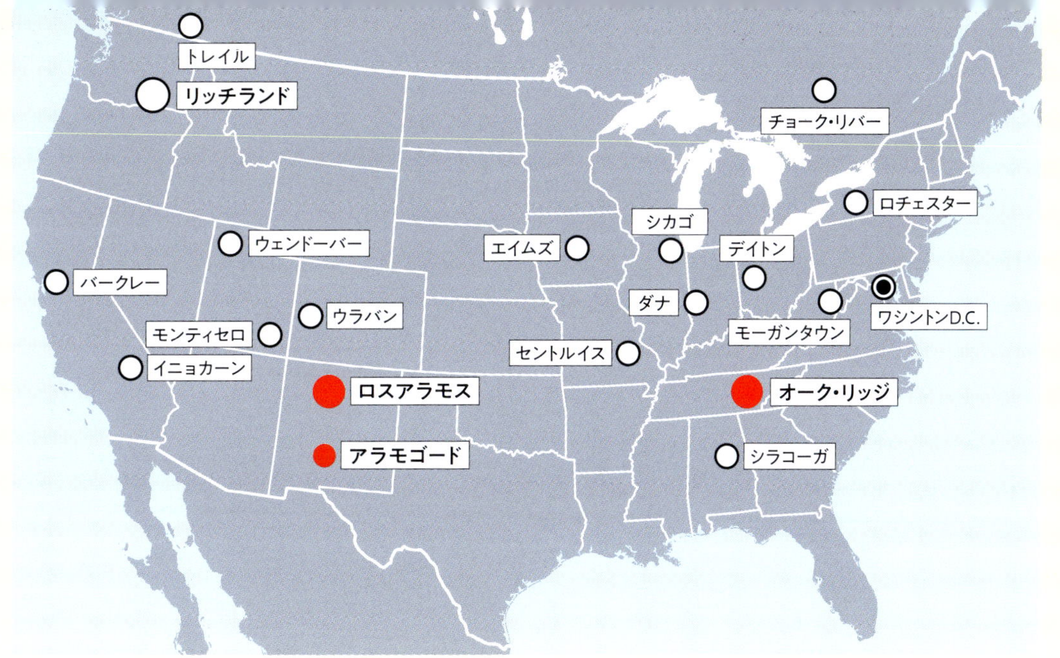

トリニティ実験が行われたアラモゴードなど原爆開発にかかわる場所

(Wikimedia commonsの図をもとに作成)

な爆発を目撃して、ヒンドゥー教の詩篇『バガヴァッド・ギーター』の中の「我は死なり、世界の破壊者なり」の一節が心に浮かんだ、と後に述べました。実験責任者だったケネス・ベインブリッジは、オッペンハイマーに、「これで俺たちはみなクソ野郎だな(Now we are all sons of bitches.)」と言ったと伝えられています。ベインブリッジは、1941年のイギリス滞在中に原爆の開発可能性についての「モード委員会」の報告を知り、アメリカの「ウラン諮問委員会」に報告、これがマンハッタン計画発足のきっかけになりました。ベインブリッジはまた、トルーマン大統領に水爆を他国より先に使わない(先制不使用)ように訴えた12人の科学者の一人でもありました。

トリニティ実験の跡地に立つ記念碑
(Wikimedia commonsから)

トリニティ実験の数週間後、実験塔の跡地に立つレズリー・グローヴス中将(左端の軍服姿の人物)やロバート・オッペンハイマー博士(中央左の帽子の人物)
(Wikimedia commonsから)

原爆開発について知るための資料

本

①

②

③

④

▼那須正幹 文／西村繁男 絵『絵で読む　広島の原爆』(福音館書店、1995年) 表紙①

当時の広島、被爆状況から原爆開発から投下までの歴史的背景まで描いた科学絵本。【小学生高学年から】

▼マリッサ・モス 著／中井川玲子 訳『リーゼ・マイトナー　核分裂を発見した女性科学者』(岩波書店、2024年) 表紙②

社会に大きな影響を与えた「核分裂」を発見した物理学者リーゼ・マイトナーの人生を描いたノンフィクション。【中学生から】

▼シャルロッテケルナー 著／平野卿子 訳『核分裂を発見した人：リーゼ・マイトナーの生涯』(晶文社、1990年)

すぐれた物理学者だったのに、女性、ユダヤ人と二重の差別をうけたリーゼ・マイトナーの伝記。【中学生から】

▼岡田好惠 文／佐竹美保 絵『アインシュタイン(新装版)』(講談社火の鳥伝記文庫、2017年)

原爆の原理を発見したアインシュタインの伝記。【小学生高学年から】

▼竹内均 監修／柳川創造 シナリオ／よしかわ進 漫画『学習漫画 世界の伝記 アインシュタイン 相対性理論を生みだした天才科学者』(集英社、1992年)

新理論を次つぎ発表し、平和運動にも力をつくしたアインシュタインの伝記漫画。【小学生中学年から】

▼佐藤文隆 著『アインシュタインが考えたこと』(岩波ジュニア新書、1981年) 表紙③

アインシュタインの理論と人生を紹介。【中学生から】

▼令丈ヒロ子 作／宮尾和孝 絵『パンプキン! 模擬原爆の夏』(講談社青い鳥文庫、2019年) 表紙④

小学5年生の主人公たちが、夏休みに模擬原爆について調べていく物語。【小学生中学年から】

一般書ですが、より知るために次のような本もあります。

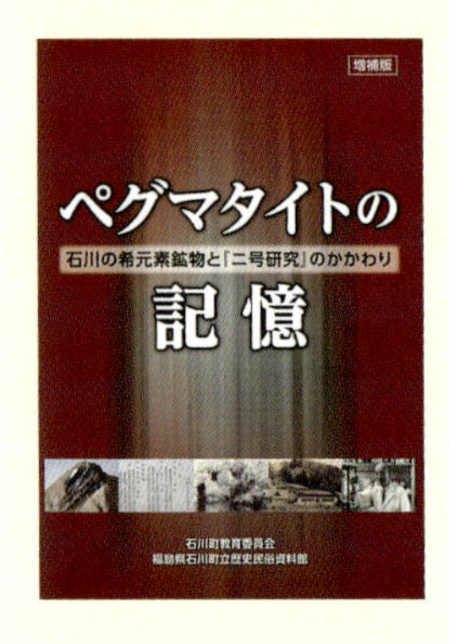

▼福島県石川町立歴史民俗資料館 編『ペグマタイトの記憶　石川の希元素鉱物と「ニ号研究」のかかわり(増補版)』(石川町教育委員会、2024年)

戦時下、この町に疎開して来た理化学研究所飯盛里安研究室の「ニ号研究」へのかかわりを、当時の資料をもとにまとめた本(資料館と公民館で販売)。第37回福島民報出版　文化賞　特別賞を受賞。

▼カイ・バード、マーティン・J・シャーウィン 著／河邉俊彦 訳／山崎詩郎 監修『オッペンハイマー 上 異才、中 原爆、下 贖罪』全3巻(ハヤカワ文庫NF、2024)

▼ロバート・オッペンハイマー 著／美作太郎、矢島敬二 訳『原子力は誰のものか』(中公文庫、2024)

▼ジョセフ・M・シラキューサ 著／栗田真広 訳『核兵器（シリーズ戦争学入門）』（創元社、2024年）
▼ダイアプレス 編『日本人なら知っておきたい 原爆開発秘史』（ダイヤプレス、2024年）
▼アンドリュー・J・ロッター 著／川口悠子、繁沢敦子、藤田怜史 訳『原爆の世界史：開発前夜から核兵器の拡散まで』（ミネルバ書房、2022年）
▼市川浩 著／広島大学総合科学部 編『核時代の科学と社会 初期原爆開発をめぐるヒストリオグラフィー』（丸善出版、2022年）
▼アルベルト・アインシュタイン 著／渡辺正 訳『アインシュタイン回顧録』（ちくま学芸文庫、2022年）
▼藤永茂 著『ロバート・オッペンハイマー—愚者としての科学者』（ちくま学芸文庫、2021）
▼馬場祐治 著『核エネルギーの時代を拓いた10人の科学者たち』（総合科学出版、2020年／電子書籍版ディスカヴァー・トゥエンティワン、2020年）
▼佐藤勝彦 監修『ニュートン式 超図解 最強に面白い!! 相対性理論』（ニュートンプレス、2020年）
▼山田克哉 著『E=mc2のからくり エネルギーと質量はなぜ「等しい」のか（ブルーバックス）』（講談社、2018年）
▼ニール・バスコム 著／西川美樹 訳『ヒトラーの原爆開発を阻止せよ!—“冬の要塞”ヴェモルク重水工場破壊工作』（亜紀書房、2017年）
▼大平一枝 著『届かなかった手紙 原爆開発「マンハッタン計画」科学者たちの叫び』（KADOKAWA、2017年）
▼新堂進 著『アインシュタイン—大人の科学伝記 天才物理学者の見たこと、考えたこと、話したこと』（SBクリエイティブ、2017年）
▼半藤一利、湯川豊 著『原爆の落ちた日[決定版]』（PHP文庫、2015年）
▼保阪正康 著『日本原爆開発秘録』（新潮文庫、2015年）。
▼山崎正勝 著『日本の核開発:1939～1955:原爆から原子力へ』（績文堂出版、2011年）
▼アミール・D・アクゼル 著／久保儀明 訳『ウラニウム戦争 核開発を競った科学者たち』（青土社、2009年）
▼K・ホフマン 著／山崎正勝、栗原岳史、小長谷大介 訳『オットー・ハーン:科学者の義務と責任とは』（シュプリンガー・ジャパン、2006年）
▼山田克哉 著『核兵器のしくみ』（講談社現代新書、2004年）
▼R・L・サイム 著／米沢富美子 監修、鈴木淑美 訳『リーゼ・マイトナー:嵐の時代を生き抜いた女性科学者 1878-1968』（シュプリンガー・ジャパン、2004年）
▼山崎正勝、日野川静枝 編著『原爆はこうして開発された』（青木書店、1997年）
▼山田 克哉 著『原子爆弾—その理論と歴史（ブルーバックス）』（講談社、1996年）
▼リチャード ローズ 著／神沼二真、渋谷泰一 訳『原子爆弾の誕生 上・下』（紀伊國屋書店、1995年）

映像作品（映画・テレビドラマなど）

●アメリカ映画「オッペンハイマー」（クリストファー・ノーラン監督、Universal Studios、2023年）

●ノルウェードラマ「ヘビー・ウォーター・ウォー」（ノルウェー放送協会、2015年）

ドイツの原爆開発を止めるための重水工場破壊工作をモデルに描かれた全6回のドラマ。

●ドラマ「太陽の子」（NHK、2020年）

日本の原爆開発「F研究」をモデルにしたドラマ。

●映画版「太陽の子」（黒崎博 監督、ELEVEN ARTS STUDIOS／「太陽の子」フィルムパートナーズ、2021年）

ネット（資料館ホームページなど）

●広島平和記念資料館（広島県広島市中区中島町1-2）
https://hpmmuseum.jp/?lang=jpn

●ながさきの平和
https://nagasakipeace.jp/

●長崎原爆資料館・長崎平和会館（長崎県長崎市平野町7番8号）
https://nabmuseum.jp/

●石川町立歴史民俗資料館（福島県石川郡石川町字長久保96）
https://www.town.ishikawa.fukushima.jp/admin/material/

資料館だよりに「二号研究」とのかかわりが書かれている。

どこに原爆を落とすか？

第二次世界大戦、日本は連合軍と戦った（1939～1945年）

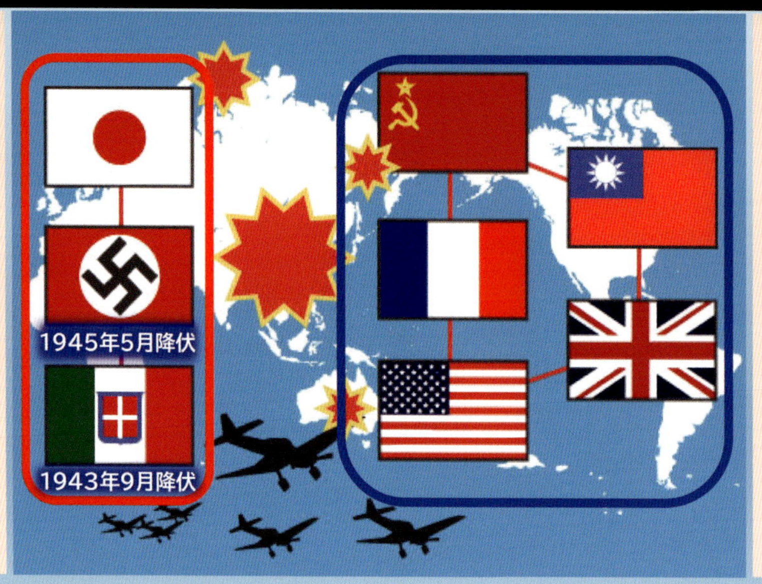

（作図：安斎育郎）

1939年9月1日、ナチス・ドイツがポーランドに攻め込み、イギリスとフランスがドイツに宣戦布告したため、ヨーロッパは戦場と化しました。

翌1940年9月、日本とドイツとイタリアは「日独伊三国同盟」を結成しました。ドイツはアドルフ・ヒトラーのもとで、イタリアはベニート・ムッソリーニのもとで「ファシズム」と呼ばれる独裁体制を築き、戦争への道を歩みました。日本はすでに中国と戦争状態にありましたが、軍部の力が強まるにつれて国民の自由が奪われ、戦争へ戦争へと導かれていきました。

そして、1941年12月8日、日本はイギリスの植民地だったマレー半島と、アメリカの海軍基地だったハワイの真珠湾を攻撃し、両国と戦争状態に入りました。太平洋戦争の開戦です。

こうして世界は、ドイツ・イタリア・日本の三国同盟を中心とする「枢軸国」側と、イギリス・フランス・中華民国・アメリカ・ソビエト連邦（ソ連）などを中心とする「連合国」側との世界規模の戦争――第二次世界大戦に突入していきました。

しかし、イタリアではやがてムッソリーニに対する批判が高まり、1943年9月8

September 25, 1943]　THE SPHERE　387

GENERAL SMITH, AMERICAN CHIEF OF STAFF, PUTS HIS SIGNATURE TO THE ARMISTICE in the presence of the Italian General who brought Marshal Badoglio's submission

THE ITALIAN SURRENDER

The Scene in the Tent in Sicily: and the Submission of the Italian Navy at Malta
—First Official Photographs of Two Historic Moments

The story of the signing of the Italian Armistice is given on the frontispiece of this issue. Here are another two pictures taken during the same historic ceremony in a tent in Sicily. Although he does not figure in the pictures reproduced here, General Alexander, Deputy Commander-in-Chief, was also present—as was only fitting, considering how much his efforts had contributed to the final collapse of Italy. General Castellano was in civilian clothes, accompanied by a representative of the Italian Foreign Office. The Savoia aircraft in which the Italian emissaries arrived was thoroughly camouflaged during the delegation's stay on the island of several days, so that its presence should not be detected by any hostile observer.

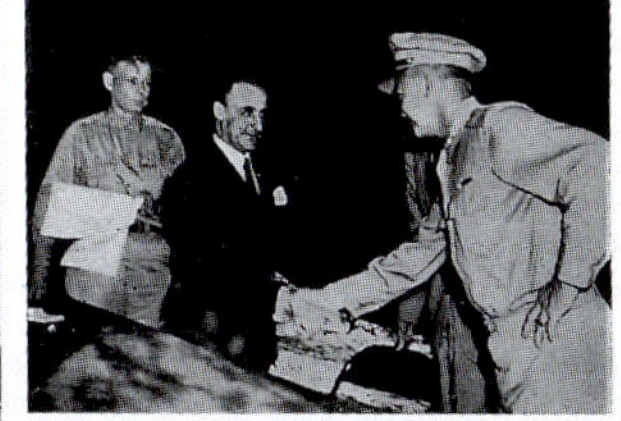

GENERAL DWIGHT EISENHOWER, SUPREME ALLIED COMMANDER, shakes hands with General Castellano, the Italian Delegate, in the tent in Sicily in which the Armistice with Italy was signed. General Smith is holding the actual document in his hands (on left)

On left—THE COMMANDER OF THE ITALIAN FLEET comes ashore at Malta after the surrender of his ships. On Saturday, September 11, a motor-launch pulled up alongside the landing-stage in Malta Harbour and, as a guard of honour formed by British sailors sprang smartly to attention, the Italian Admiral de Zara (Acting Commander-in-Chief) and other senior officers of the Italian Navy stepped ashore, to be greeted by Commodore Royar Dick, Chief of Staff to Admiral Cunningham, and Captain Roderick Edwards, Chief of Staff, Malta. After shaking hands with the Commodore, the Italian Admiral was then invited to inspect the guard of honour: above he is seen passing through the two lines of British bluejackets with his hand raised in salute. Admiral de Zara then entered a motor-car with Commodore Dick and was driven off to Admiral Cunningham's office at Malta Naval Headquarters. The Italian Navy had surrendered exactly in accordance with the terms of the Armistice, and it was therefore decided that the Italian Admiral should be received ashore with the same ceremonial as if he were a foreign Admiral paying an official visit in peacetime.

1943年9月9日、三国同盟のムッソリーニ率いるイタリアが連合国に無条件降伏。休戦について伝えるイタリアの新聞
(Wikimedia commonsから)

1945年5月8日、ドイツの無条件降伏が発効したことを祝う米軍兵士たち。(©Hulton Deutsch／Corbis Historical／提供：Getty Images)

夕刊　東京日日新聞

帝國、米英に宣戰を布告

畏し大詔渙發さる

英米の暴政を排し東亞の本然を復す
政府宣戰の使命聲明

東條首相斷乎たる決意力說

近代海戰

滿洲國も宣戰せん

上海共同租界進駐

新嘉坡、布哇、比島猛爆
英砲艦撃沈、米艦一隻拿捕

陸軍、香港攻撃開始

馬來半島上陸　戰果着々擴大

マニラ爆撃

秦侵入の

ホノルル

オアフ島

米艦オクラ

天津の

日本がアメリカ、イギリスと戦争を始めたことを告げる1941年12月8日の東京日日新聞夕刊

日、イタリア王国が連合国と進めていた休戦協定によって「枢軸国」から離れ、「連合国」に降伏しました。さらに、1945年5月8日～9日、ヒトラーに率いられたナチス・ドイツも「連合国」に降伏し、原爆開発を進めていたアメリカと戦うのは日本だけになりました。

日本はテニアン島をアメリカに占領されてからB29爆撃機による空襲を受けるようになり、1945年3月10日には東京大空襲で一晩で10万人以上が命を失いました。それでもまだ日本は戦争をつづけ、3月～6月には沖縄での激しい戦闘(沖縄戦)で県民の4人に一人が亡くなりました。それでもなお日本が戦争をつづける中で、ついに1945年7月16日、アメリカは原爆を完成させました。

はじめ、京都が第一目標だった

もし、京都に原爆が落とされていたら

（地理院地図Vector〈国土地理院〉をもとに作図）

1945年4月25日、アメリカのヘンリー・スティムソン陸軍長官はトルーマン大統領に、「4か月以内にわれわれは一都市全体を壊滅できる、人類史上初の最も恐ろしい兵器を完成する」とメモを渡しました。原爆は未完成ながら、投下目標選びはすでに始められていて、4月の第1回目標選定委員会の段階では、東京湾、川崎、横浜、名古屋、大阪、神戸、京都、広島、呉、八幡、小倉、下関、山口、熊本、福岡、長崎、佐世保が挙げられていました。

5月9日にドイツが降伏すると、翌10日・11日に第2回目標選定委員会が開催され、京都・広島・横浜・小倉が選ばれましたが、京都と広島が「最優先」（ＡＡ目標）とされました。京都は第一目標だったのです。

「京都は人口100万を有する都市工業地域である。それは、かつての首都であり、他の地域が破壊されていくにつれて、現在では多くの人びとや産業がそこに移転しつつある。京都は日本の知的中心地であり、そこの住民は、この特殊装置（原爆）の意義を正しく認識する可能性が比較的大きいという利点がある」

ドイツの降伏から原爆投下まで

1945年

5月8日・9日　ナチス・ドイツ（ヒトラー）敗北
5月10日・11日　アメリカが原爆投下目標委員会
　❶京都　❷広島　❸横浜　❹小倉
7月16日　アメリカが人類初の核実験に成功（プルトニウム原爆）
7月17日～8月2日　ポツダム会議
8月2日　原爆投下目標決定 ❶広島　❷小倉　❸長崎
8月6日　午前8時15分 広島にウラン原爆「リトルボーイ」投下
8月9日　午前11時02分 長崎にプルトニウム原爆「ファットマン」投下

（作図：安斎育郎）

しかし、6月30日付けのグローヴズ将軍からジョージ・マーシャル陸軍参謀総長にあてた覚書には、「京都はスティムソン陸軍長官の指令により、原爆のみならず、すべての爆撃の目標から除外された」と書かれています。理由は、「京都という知的中心地への原爆投下は、戦後の日本とアメリカの和解を困難にし、ソ連に接近させる可能性がある」というものでした。原爆投下の目標は京都駅西1kmの梅小路蒸気機関車区の円形車庫でしたが、三方を山に囲まれた京都盆地の真ん中に原爆が投下されていたら火事嵐も起きて50万人の命が奪われたかもしれません。

原爆投下の目標にされた梅小路蒸気機関車区円形車庫。当時は京都駅西1kmにあったが、現在は鉄道博物館内に移設されている（撮影：柿沼秀明）

こうして原爆投下の目標は、7月26日には小倉・広島・新潟・長崎に絞られ、8月1日に新潟が除外されて、8月2日に広島・小倉・長崎とする最終命令が下されました。

原爆模擬爆弾「パンプキン」の投下

パンプキン（かぼちゃ）はアメリカが日本に原爆を投下するにあたって、訓練用につくった原爆そっくりの模擬爆弾（ロスアラモス国立研究所所蔵・工藤洋三氏提供）

原爆は約1万m上空から投下し、地上600m付近で爆発させます。もっと低いところから落とした方が命中しやすいのですが、そうすると爆発までに時間がないので、原爆を投下した爆撃機が爆風の影響を受けてしまいます。

なぜ地表面ではなく地上600m付近で爆発させるかというと、地表面で爆発させると地面に大きな穴（クレーター）をつくるためにエネルギーを使ってしまうからです。爆発の時に出る衝撃波の効果を高めるためにも、600m付近が最適なのです。

1万m上空で落とした原爆が地上600mで爆発するまでに40秒余りかかります。4トンもある原爆でも風に流されるので、どのように落ちるのかを観察し、投下訓練をする必要がありました。そのために使われたのが「パンプキン爆弾（かぼちゃ爆弾）」という名の長崎原爆の模擬爆弾です。形も重さも長崎原爆とほぼ同じになるようにつくられました。

パンプキン爆弾には2種類あって、一つはTNT火薬などの高性能爆薬をつめたものでまさに「爆弾」ですが、もう一つはコンクリートをつめたものです。どちらも長崎原爆とほぼ同じ形や重さになるように調整されていました。

投下の目標とされたのは原爆投下の候補地だった京都・広島・新潟・小倉を含む18都府県30都市で、合計50発が1945年7月20日、24日、26日、29日と8月8日、14日に投下され、死者400名、負傷者1300名をこえる被害を出しました。

原爆投下後の8月14日にも愛知県春日井市に4発、挙母町（現豊田市）に3発投下され、トヨタ自動車工業の工場などが被災しましたが、これはこの爆弾を模擬爆弾ではなく実戦用の爆弾として使えるかどうかをテストするためでした。しかし、生産コストが高かったため採用されず、テニアン島に残っていた66発のパンプキン爆弾も海に沈められました。

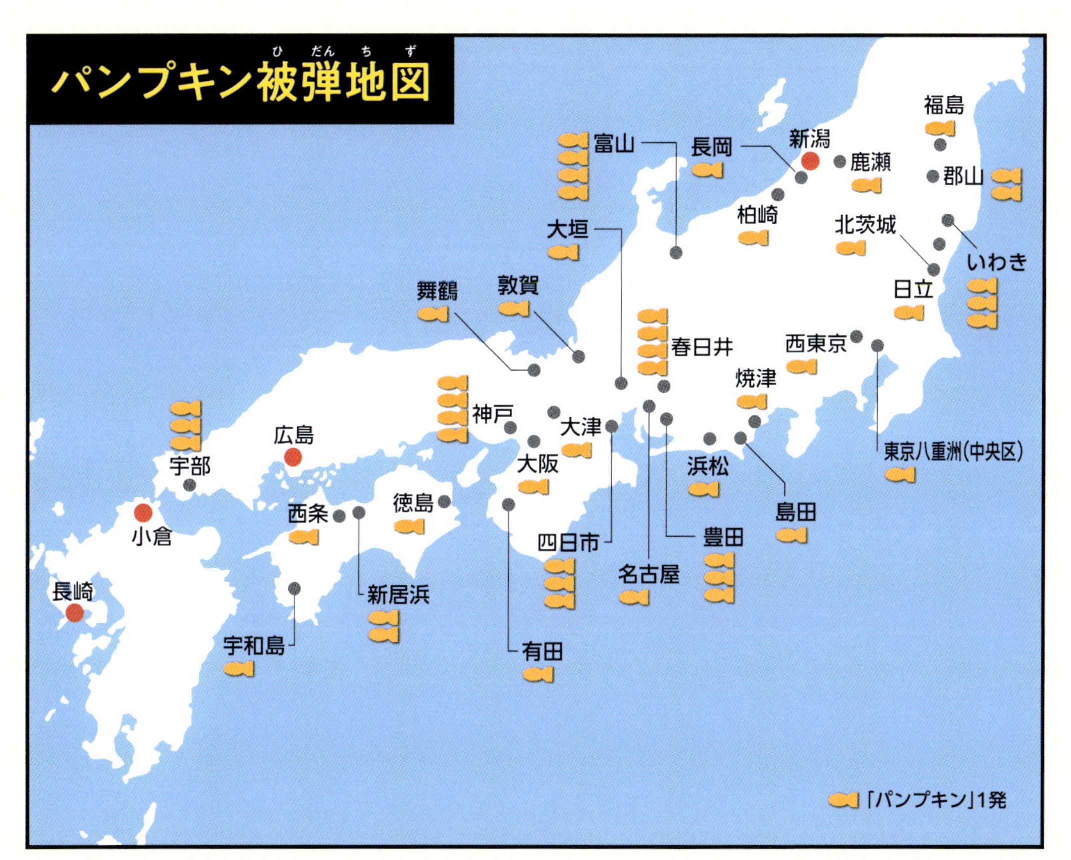

パンプキン爆弾投下地点。合計49か所、鳥島南方に廃棄された1発は示していない。●（赤丸）は1945年7月25日の原爆投下命令書にあった原爆投下目標4都市。新潟は、テニアン島からB29爆撃機で原爆を運べる限界に近いし、原爆の効果を調べる目標としてはやや小さすぎるという理由で外されたようです（工藤洋三・金子力『原爆投下部隊 第509混成群団と原爆・パンプキン』などを基に地図を作製）

大津歴史博物館エントランスホールに展示されたパンプキン爆弾模型（提供：大津市歴史博物館）

「パンプキン爆弾は、大津市内では昭和20年7月24日午前7時47分、本市南部の東洋レーヨン石山工場（現東レ滋賀事業場）に投下されました。記録によれば、死者16名、重傷者13名とあります（参考：大津市歴史博物館編『戦争と市民～湖国から平和へのメッセージ』）

そして、8月6日、広島に初の原爆投下

1945年8月6日8時15分、広島上空580m付近で炸裂したウラン原爆。高性能火薬トリニトロトルエン(TNT)1万5000トン相当の爆発威力だった

1945年8月6日、月曜日、朝8時15分。

8月10日からの夏休みを前に、国民学校(いまの小学校)初等科の子どもたちは登校途中の子も少なくありませんでした。高等科や中等学校の生徒たちは、火災の延焼を避けるための建物疎開に駆り出されていました。上級生たちは農家や工場に動員され、作業を始めていました。大人たちも勤務先に向かう途中で、人びとが一番たくさん屋外にいる時間帯でした。

その時でした。

目もくらむ閃光があたり一面を白一色の世界に変え、耳をつんざく轟音が鳴り響いたかと思うと、抵抗のしようもない熱線と爆風がおそいかかりました。人類史上初の核兵器による無差別殺りくの瞬間です。その上恐ろしい放射線も降り注いでいることなど、人びとは知る由もありません。

当時、日本は半年以上にわたって本土が戦場になっていました。3月10日の東京大空襲をはじめ、日本中の都市が空襲を受け、沖縄は地上戦の果てに荒廃していました。それでもなお戦争をやめない日本に、アメリカはついに開発したての原爆を投下しました。

原爆投下の指令は1945年7月25日付で出されました。「1945年8月3日以降、天候が許し次第、広島・小倉・新潟・長崎のいずれかの目標に最初の特殊爆弾を目視投下する」とされましたが、最終的には8月2日、第一目標を広島、第二目標を小倉、第三目標を長崎とすることが決定され、この段階で新潟は除外されました。理由は、B29の航続距離との関係で新潟はやや遠すぎ、また工業が集中している地区

陸軍省参謀総長室

ワシントン25, D.C.
1945年7月25日

アメリカ陸軍戦略空軍司令官　カール・スピッツ将軍殿

1. 第20空軍509混成群は、1945年8月3日以降、天候が許し次第、広島・小倉・新潟・長崎のいずれかの目標に最初の特殊爆弾を目視投下する。原爆の爆発の影響を観察・記録するため、陸軍省からの軍人と民間人科学者を運ぶため、原爆を運ぶ航空機に追加の航空機が同行するが、観測機は原爆の着弾地点から数マイル離れた場所にとどまるものとする。

2. 上記目標については、プロジェクト・スタッフにより準備が整い次第、追加の爆弾が渡される。上記以外の目標については、さらなる指示が出される。

3. 日本に対する当該兵器の使用に関するあらゆる情報の発信は、陸軍長官および合衆国大統領に留保される。この問題に関するコミュニケや情報の公開は、事前の特別な権限なしに、現地司令官によって発せられることはない。いかなるニュース記事も陸軍省に送られ、特別の許可を得るものとする。

4. 上記の指令は、陸軍長官および米国参謀総長の指示と承認により、貴殿に発せられるものである。マッカーサー元帥に1部、ニミッツ提督に1部、個人的にこの通達を届け、彼らの参考とされたい。

トーマス T. ハンディ
将軍、G.S.C.
参謀総長代理

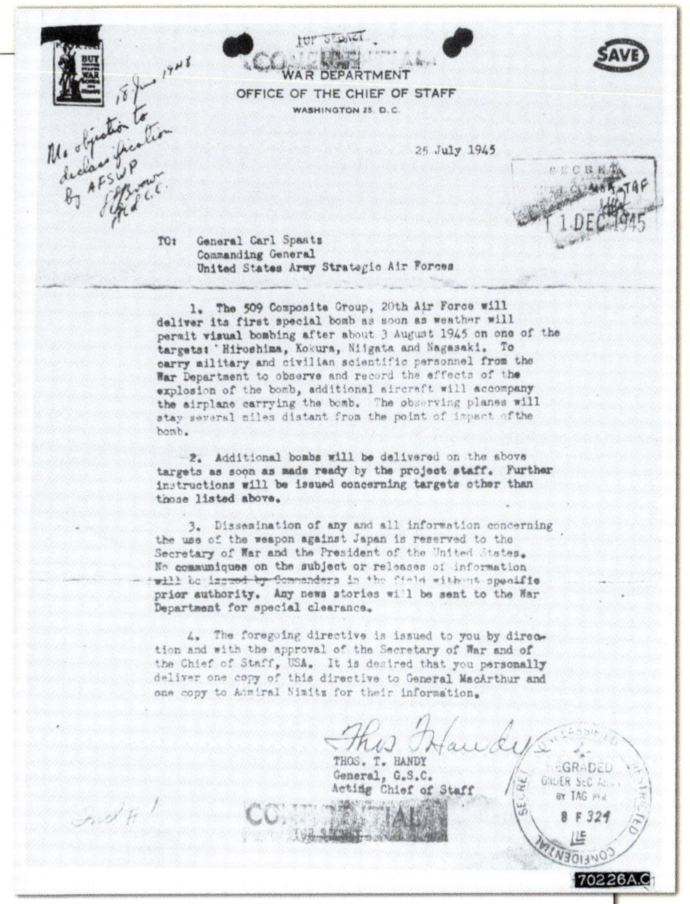

WAR DEPARTMENT
OFFICE OF THE CHIEF OF STAFF
WASHINGTON 25, D.C.

25 July 1945

TO: General Carl Spaatz
Commanding General
United States Army Strategic Air Forces

1. The 509 Composite Group, 20th Air Force will deliver its first special bomb as soon as weather will permit visual bombing after about 3 August 1945 on one of the targets: Hiroshima, Kokura, Niigata and Nagasaki. To carry military and civilian scientific personnel from the War Department to observe and record the effects of the explosion of the bomb, additional aircraft will accompany the airplane carrying the bomb. The observing planes will stay several miles distant from the point of impact of the bomb.

2. Additional bombs will be delivered on the above targets as soon as made ready by the project staff. Further instructions will be issued concerning targets other than those listed above.

3. Dissemination of any and all information concerning the use of the weapon against Japan is reserved to the Secretary of War and the President of the United States. No communiques on the subject or releases of information will be issued by Commanders in the field without specific prior authority. Any news stories will be sent to the War Department for special clearance.

4. The foregoing directive is issued to you by direction and with the approval of the Secretary of War and of the Chief of Staff, USA. It is desired that you personally deliver one copy of this directive to General MacArthur and one copy to Admiral Nimitz for their information.

Thos T Handy
THOS. T. HANDY
General, G.S.C.
Acting Chief of Staff

70226A.C

トーマス・T・ハンディ将軍からカール・スピッツ将軍への最初の原爆投下を認めた命令書（米国立公文書館所蔵）

と小さな町工場を含む居住地域とが遠く離れていたためだったとされています。

こうして広島は人類史の上で最初の核兵器の惨禍を受ける都市になりました。そして今もなお、広島は核兵器をなくすことを求める人びとの声の大切な発信地になっています。

広島に原爆を投下してテニアン島に帰還したB-29「エノラ・ゲイ」とその乗組員。中央が機長のポール・ティベッツ大佐（当時）（米国立公文書館所蔵）

広島原爆

ガンバレル(砲身)型のウラン原爆「リトルボーイ」

広島に投下されたウラン原爆「リトルボーイ」

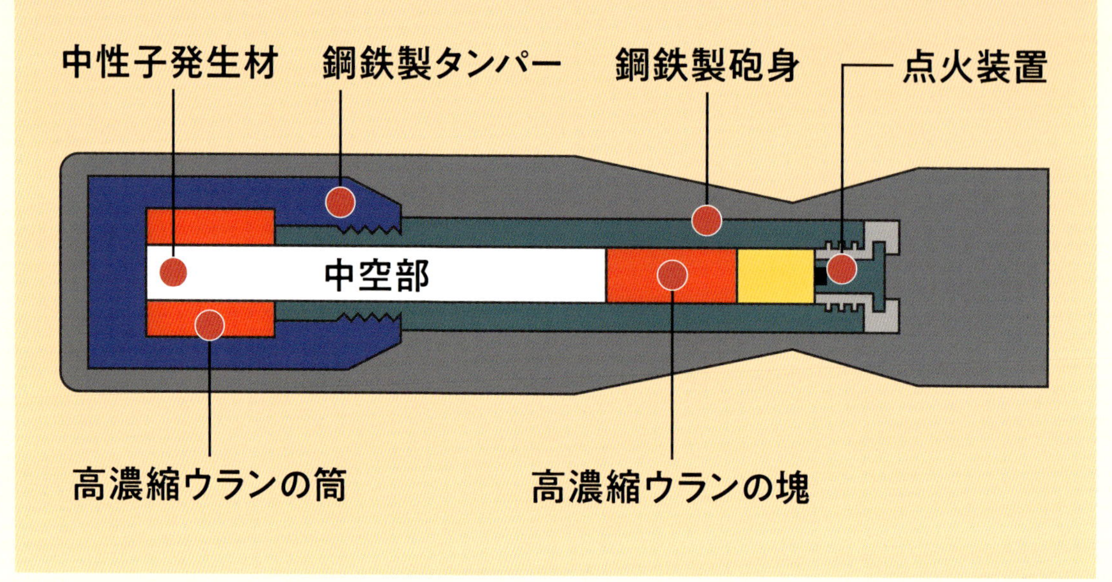

タンパーは、核分裂反応で発生した中性子を内側へ跳ね返し、さらに核分裂反応を起こさせるための中性子反射体です。濃縮ウランは、天然ウランに0.7%含まれるウラン235の割合を高めたウラン(原図作成・安斎育郎)

広島に投下されたウラン原爆には、「リトルボーイ」(ちび)というニックネームがつけられていました。この特殊爆弾は、テニアン島でB29爆撃機「エノラ・ゲイ号」に積みこまれ、2740kmを飛んで広島に来ました。「エノラ・ゲイ」はこの爆撃機のポール・ティベッツ機長の母親の名前でした。

長さ3.05m、最大直径0.71m、重さ4400kgの原爆は、ウランを材料に使った初めての原爆で、まだ一度も実験されたこともなく、広島への投下が試し打ちでもありました。恐ろしいことです。戦争になると、人間は細菌兵器も毒ガス兵器も使い、とうとう人間が人間に対して「悪魔の兵器」と言われる核兵器まで使ったのです。

ウラン原爆は、アメリカがマンハッタン計画で開発した2種類の原爆のうちの一つで、円筒状のウラン235の塊にもう一つのウラン235の塊を打ちこんで核分裂連鎖反応を起こさせる単純な原理の核兵器でした。ウランの塊が小さいと、核分裂反応で出た中性子が外にもれてしまい、反応が連鎖的につづきません。核分裂反応が連鎖的に次つぎと起こるためには、ウランの塊が「臨界量」と言われる大きさよりも大きくなければなりません。そこで広島原爆では、臨界量よりも小さいウランの塊にもう一つのウランの塊を大砲で打ちこんで臨界量以上にする方式がとられました。大砲の砲身は英語で「ガン・バレル」(gun barrel)というので、この原爆は「ガンバレル(砲身)型原爆」と呼ばれました。

「ちび」というニックネームとは裏腹に、広島に投下されたウラン原爆は、核時代の幕開けを告げる人類史的な深刻な意味を投げかけることになりました。

広島に投下された原子爆弾「リトルボーイ」(実物)
(米国立公文書館所蔵、Wikimedia commonsから)

テニアン島に残るこのピットに広島原爆「リトルボーイ」は一時格納され、ここからB29エノラ・ゲイ号に積みこまれました
(撮影:Mztourist、Wikimedia commonsから)

ピットからB29エノラ・ゲイ号の格納庫に持ち上げられる「リトルボーイ」(米国立公文書館所蔵、提供:工藤洋三氏)

さらに8月9日、長崎に第2の原爆投下

3日後の1945年8月9日午前2時47分、B29「ボックス・カー」テニアン島を飛び立つ
(機長:チャールズ・スウィーニー)

プルトニウム原爆「ファットマン」

B29「ボックス・カー」

(写真:国立米空軍博物館から)

広島に人類史上初の原爆が投下されてから3日後の1945年8月9日、すでに7月16日の「トリニティ・テスト」で実験済みのプルトニウム原爆を積んだB29が、2時47分にテニアン島を飛び立ちました。機長はチャールズ・スウィーニー、機体の名はボックス・カー。普段この機体を使っているフレデリック・ボック少佐の名にちなんだ命名です。

この日の第一目標は小倉、第二目標は長崎でした。当日は広島に原爆を落としたエノラ・ゲイが先に離陸して天候を観測し、「天候に問題なく、爆撃可能」と報告していました。それを受けた原爆投下作戦は、ボックス・カー単独ではなく、観測機グレート・アーティスト(機長はフレデリック・ボック)および撮影機ホプキンスの3機で実行されましたが、3機が一緒になるはずの屋久島上空でホプキンス機とはぐれ、ボックス・カーとグレート・アーティストだけで作戦を実行しました。

ところが、小倉に到達したものの、爆撃の経路に入るのに3回失敗して45分も時間を費やしてしまいました。やがて天候も悪くなり、小倉上空に前日の博多爆撃の火災で生じた煙もたちこめて爆撃照準器も役立たず、とうとう第一目標の小倉をあきらめて第二目標の長崎に向かいました。

ボックス・カーはテニアン島を離陸する時から予備タンクの燃料ポンプが故障しており、燃料に余裕がありませんでした。長崎も空の80~90%が雲に覆わ

長崎(ながさき)に原爆(げんばく)を投下(とうか)したB29(ビー)「ボックス・カー」の航跡(こうせき)

9日の午前2時47分にテニアン北飛行場を離陸。
8時15分に会合点屋久島に到着、5分後にThe Great Artisteと会合、しかしHopkins機を発見できなかった。8時50分に2機だけで屋久島出発、第1目標小倉に向かう。
9時44分に攻撃始点に到着、3回の爆撃航程を試みるが目視できず、小倉上空で45分を費やしたのち長崎に向かう。
10時50分長崎に到着、レーダー接近し、雲の切れ目を見つける。
10時58分に目視でF31(長崎に投下された原子爆弾(通称ファットマン)を投下。
11時02分爆発。
11時05分に沖縄に向かう。
12時52分に沖縄の読谷(よみたん)飛行場に着陸。
10日の午後9時 45分にテニアンに着陸。

れていましたが、10時58分、ボックス・カーはわずかな雲の切れ間から長崎の街を確認、手動操作でプルトニウム原爆を投下しました。

ボックス・カーは燃料不足でテニアンに帰れなくなり、すでにアメリカが支配していた沖縄に向かい、読谷飛行場に着陸、翌8月10日の9時45分にテニアン島に帰りました。

長崎に投下された爆縮型プルトニウム原爆はその後の原爆の標準となったこともあり、長崎原爆は広島原爆とは異なる重要な意味をもっています。

1945年8月9日11時02分、長崎市上空500mで炸裂したプルトニウム原爆（米国立公文書館所蔵）

長崎に投下されたプルトニウム原爆「ファットマン」

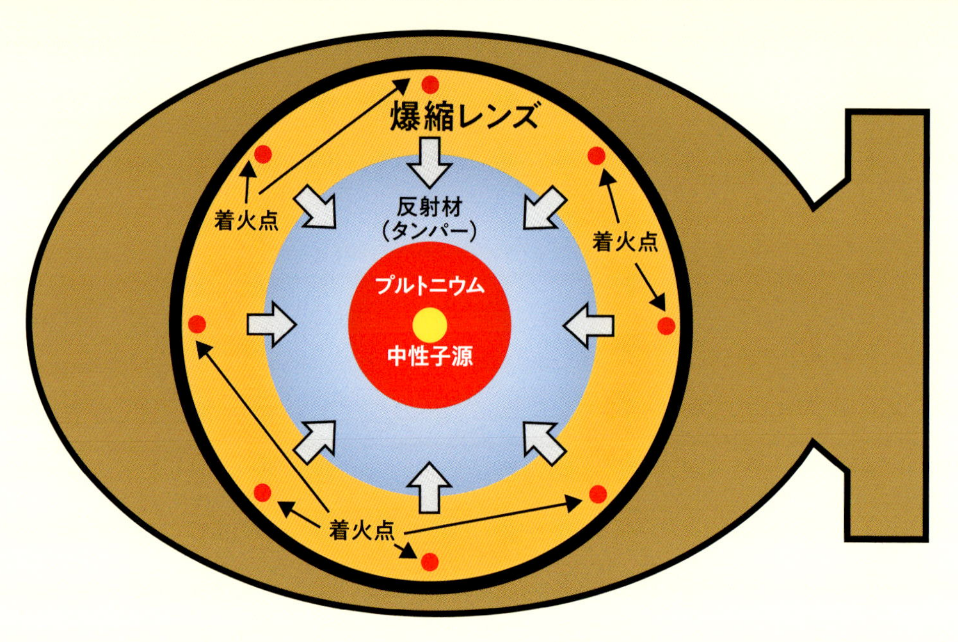

臨界には達しない低濃度のプルトニウムの球を、まわりの火薬の爆発で均等に圧縮（爆縮）して高濃度のプルトニウムにして核分裂連鎖反応を起こさせます。「均等に爆縮」するのはとても難しいことで、どうしても着火点から中心に向かう爆縮の波の方が周囲よりも速いという問題があります。科学者たちは、爆縮が均等に起こるように違う火薬をうまく組み合わせてタイミングが合うように配置しました。この仕組みは「爆縮レンズ」と呼ばれています。

原爆製造計画マンハッタン・プロジェクトでは、ウラン235を使う「ウラン原爆」と、プルトニウム239を使う「プルトニウム原爆」の二つが検討されましたが、それぞれに難しい問題がありました。

ウラン原爆については、核分裂反応を起こすウラン235は天然ウランの中にわずか0.7％しか含まれていないため、天然ウランからウラン235の濃度の高い「濃縮ウラン」をつくらなければならず、これが非常に難しい課題でした。天然ウランに同居しているウラン238とはわずかな重さの違いしかなく、これを分離することはかんたんなことではありませんでした。

一方、プルトニウム原爆の材料であるプルトニウム239は自然界にはない人工の元素で、天然ウラン中の99.3％を占めるウラン238に原子炉の中で中性子を当ててウラン239をつくり、それがやがてウラン239➡ネプツニウム239➡プル

長崎に投下されたプルトニウム原爆「ファットマン」(ふとっちょ)。長さ3.25m、直径1.5m、重さ4656kg。爆発威力は高性能火薬トリニトロトルエン(TNT)2万2000トン相当(米国立公文書館所蔵)

トニウム239と変化する現象を利用します。ところがこの過程でプルトニム238などの原子もできるため、純粋のプルトニウム239を得るのはやさしくありませんでした。不純物があると、核分裂連鎖反応をうまくコントロールできないのです。

そこで科学者たちは、不純物が混ざっていても核分裂連鎖反応が起こるように、プルトニウムをギュッと押し縮めて密度を高くし、核分裂連鎖反応を起こさせる仕組みを考えました。

その答えは英語で「インプロージョン(implosion)」、つまり「爆縮」でした。プルトニウムの金属球のまわりに火薬を配置して、「爆発」ではなく内側に向かってプルトニウムを押し縮める「爆縮」の技術を開発したのです。

長崎に投下された爆縮型プルトニウム原爆は、その後の原爆の標準形になりました。

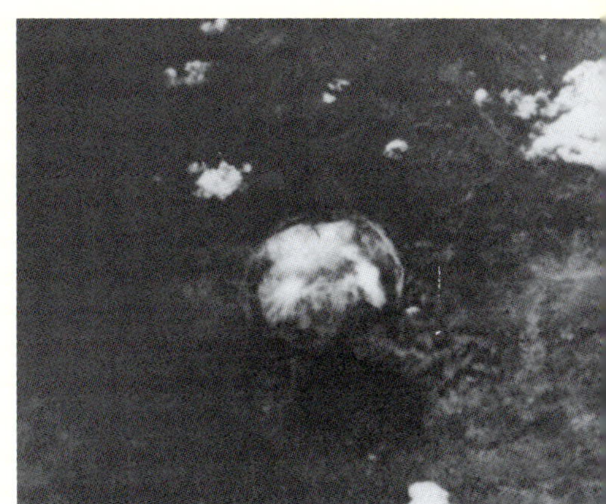

長崎に投下されたプルトニウム原爆「ファットマン」が爆発し、キノコ雲が立ち上がっていくようす
(米国立公文書館所蔵)

キノコ雲の下で何が起きたのか

2006年8月8日11時37分、私は長崎空港から長崎市に向かう途中、長崎市上空にキノコ雲を見てとても驚きました。明日は長崎原爆被災から61年目の原爆忌というそのタイミングで、これは特別の体験でした。私は左下の長崎原爆のイメージをしっかり記憶していたので、驚きもひとしおでした。
（撮影：安斎育郎、左下写真：米国立公文書館蔵）

アメリカのトルーマン大統領は、第二次世界大戦をどう終わらせるかをイギリス、ソ連と相談したポツダム会談（1945年7月17日～8月2日）から帰国する途中、陸軍長官から電報を受け取りました。

> ワシントン時間8月5日午後7時15分、広島に大型爆弾を投下。
> 完全なる成功との第一報。先の実験をはるかにしのぐ結果。

「ワシントン時間8月5日午後7時15分」は日本時間では「8月6日午前8時15分」のことです。戦争指導者には広島原爆は「完全なる成功」だったのでしょうが、核時代に生きる私たちは、「完全なる成功」を象徴するキノコ雲の下で何が起きたのかについて、しっかり理解することが大切でしょう。

当時日本はここだけは守らなければいけないという「絶対国防圏」も守れず、組織的な力はほとんど残っていませんでした。国家プロジェクトとして原爆を開発してきたアメリカの軍部や科学者には、完成した原爆の効果を実戦で試したい欲求があったでしょうが、戦争を終わらせるために軍事的に本当に広島・長崎に原爆を投

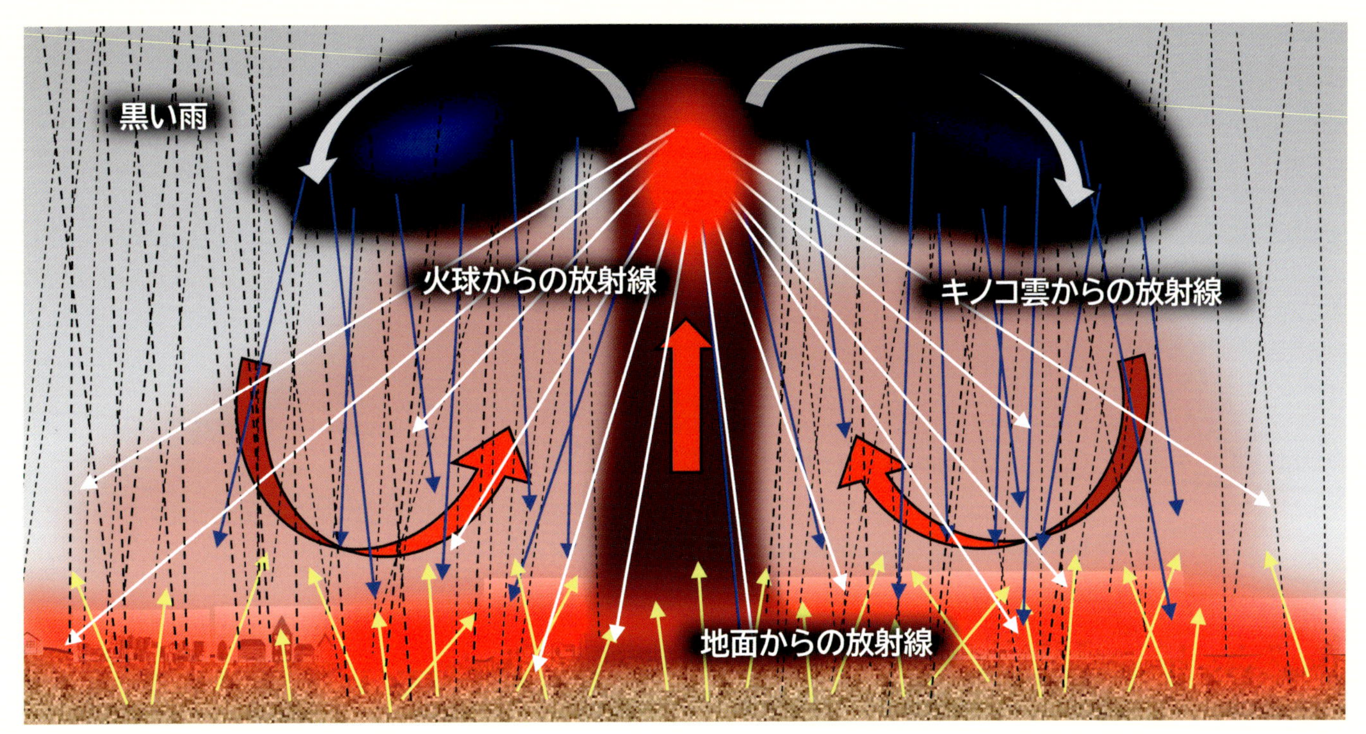

（作図：安斎育郎）

下する必要があったのかは疑問です。

原爆は衝撃波・爆風・熱線で町を破壊し、焼き尽くし、人びとを誰彼となく殺りくしましたが、加えて、キノコ雲の下の人びとに放射線を浴びせかけました。

人びとは、原爆の爆発でできた火の球（火球）から放出されたガンマ線と中性子線を浴びせかけられました。中性子が土の中に創り出した放射性物質やキノコ雲から降ってきた放射性物質のため、人びとは地面からも放射線にさらされました。生じた大火災（火事嵐）は上昇気流を作りましたが、上空で冷やされて横に広がり、やがて爆心に吹き戻って循環し、放射性の浮遊物による被ばくや体内汚染も起こしました。その後、吹き上げられたススなどの浮遊物に放射性物質が付着して「黒い雨」となって降ってきました。これらすべてによる放射線被ばくが原因で、人びとは被爆者として戦後も苦しい人生を送らなければなりませんでした。

上：長崎原爆のキノコ雲（写真カラー化：東京大学大学院　渡邉英徳研究室／撮影：松田弘道）
左：広島原爆のキノコ雲（写真カラー化：東京大学大学院　渡邉英徳研究室／撮影：尾木正己）

広島で起きたこと

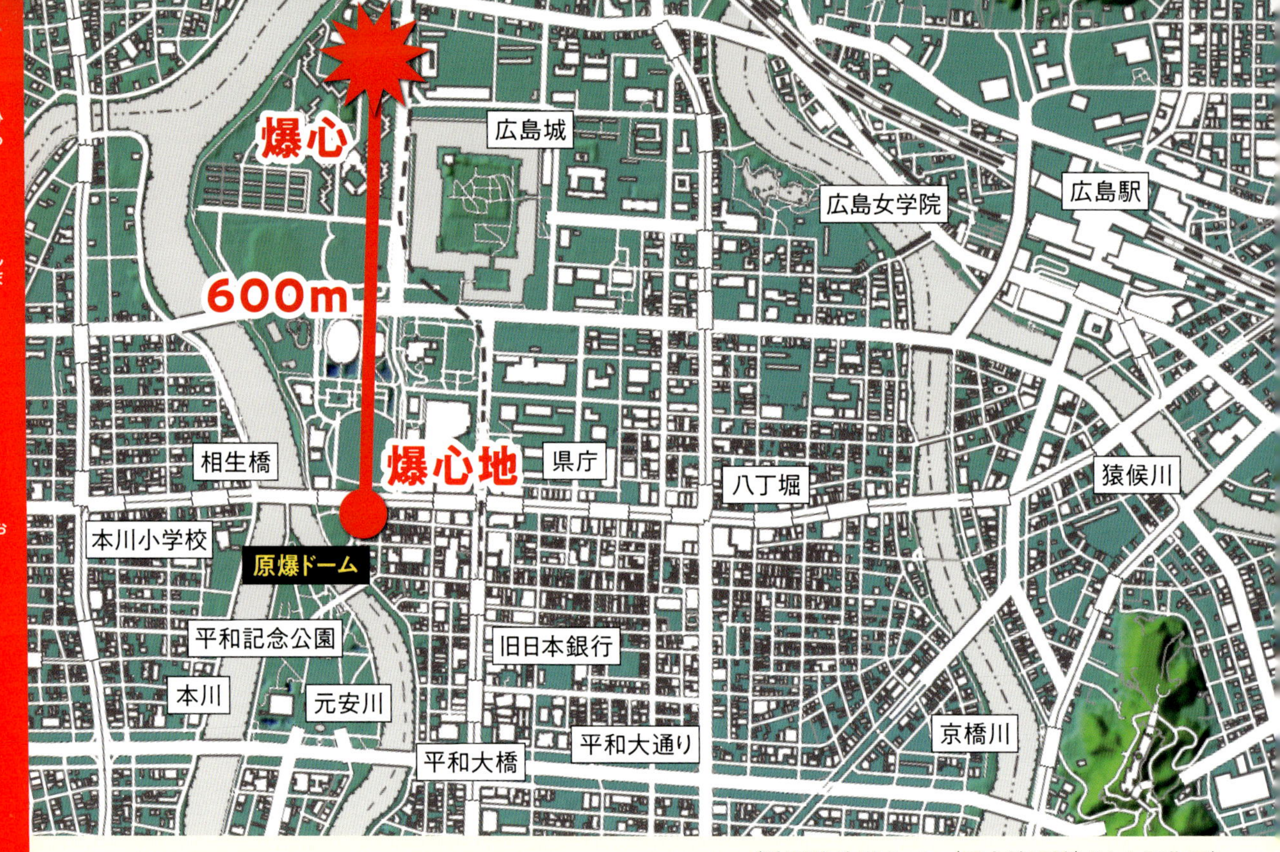

（地理院地図Vector〈国土地理院〉をもとに作図）

1894年に日清戦争がはじまると、広島の宇品港から多くの兵士や兵器、食糧が中国大陸の戦地に送り出されました。軍を指揮する「大本営」が東京から広島にうつされ、明治天皇も広島に滞在して、広島は一時日本の首都機能を果たしていました。第7回帝国議会のために市の中心部に仮議事堂が建てられ、戦時予算も広島の国会議事堂で審議されました。

1931年の満州事変から1945年の太平洋戦争終結まで、広島は西日本最大の「軍都」として、軍事施設の新設・拡充が行われました。

太平洋戦争で日本と戦っていたアメリカは、日本をできるだけ早く降伏させアメリカ軍の犠牲を少なくしたいと考えていました。また、1945年2月に開かれたヤルタ会談で、ソ連が日本との戦争に参戦することが極秘に取り決められたこともあり、アメリカは、ソ連参戦前に決着をつけ、戦後の世界で優位に立ちたいという考えもありました。

さらに、アメリカ政府には、原爆製造計画「マンハッタン・プロジェクト」に12万人以上を動員し、20億ドルの経費を投じて開発した原爆が戦争終結につながったことを国民に示す必要もありました。

日清戦争さなかの1894年9月、軍を指揮する「大本営」が、東京から広島に移された（左、米国立公文書館所蔵）。明治天皇も広島に滞在し、一時、広島は日本の首都機能を果たしていた。第7回帝国議会が開かれることになったため、市の中心部に仮議事堂が建てられた（右、広島市公文書館所蔵）。設計から竣工までほぼ20日間という突貫工事だった。東京以外に造られた唯一の国会議事堂だった

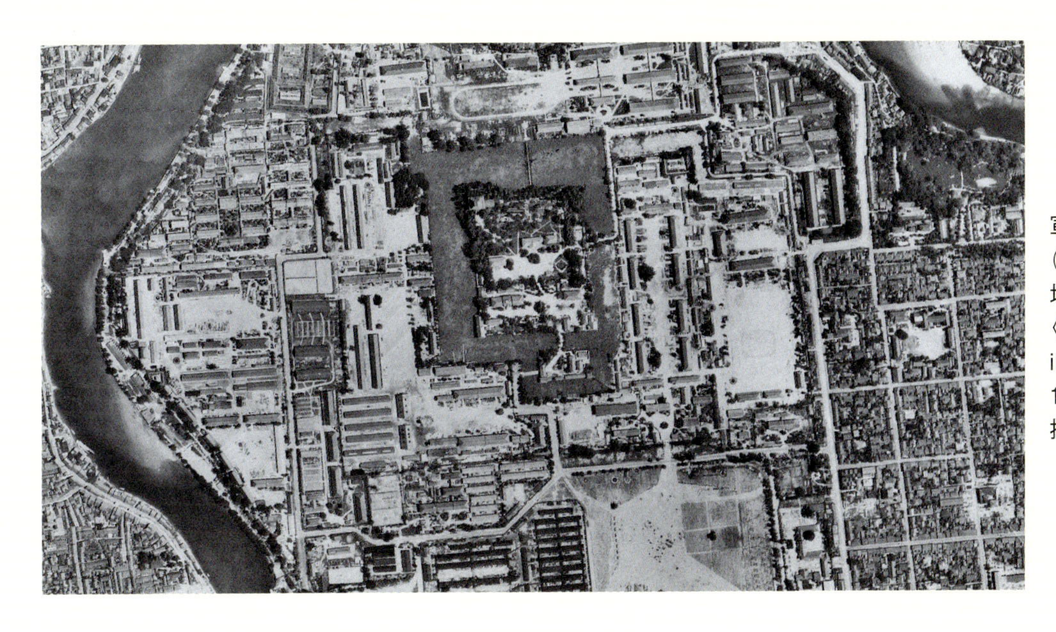

軍事施設が密集する広島城付近（出典：国土地理院ウェブサイト、地図・空中写真閲覧サービス〈https://mapps.gsi.go.jp/maplibSearch.do?specificationId=1608154〉空中写真を一部切り抜き、回転）

1945年春から原爆投下目標選びがはじまりましたが、軍事都市広島は都市の規模や爆風の破壊効果などの点でも有力な候補となり、連合軍の捕虜収容所がない点も考慮されました。アメリカの科学者や軍人の中にも、無人地帯で原爆を爆発させ、その威力を見せつけることによって日本を降伏に追いこむ作戦を支持していた人びともいたと伝えられていますが、1945年8月6日午前8時15分、ついにアメリカは開発した唯一のウラン原爆を広島に投下しました。島病院の敷地上空600mで炸裂した1発の原爆は、人口約42万人の広島市を一瞬にして焼野原と化し、「70年以上草木も生えない」と言われました。

【用語解説】	◇日清戦争：朝鮮半島の支配をめざす日本が、清国と起こした戦争。1894年～95年。 ◇満州事変：日本が1931年に満州（中国東北地域）を侵略した戦争。「十五年戦争」のはじまり。

広島の衝撃波と爆風

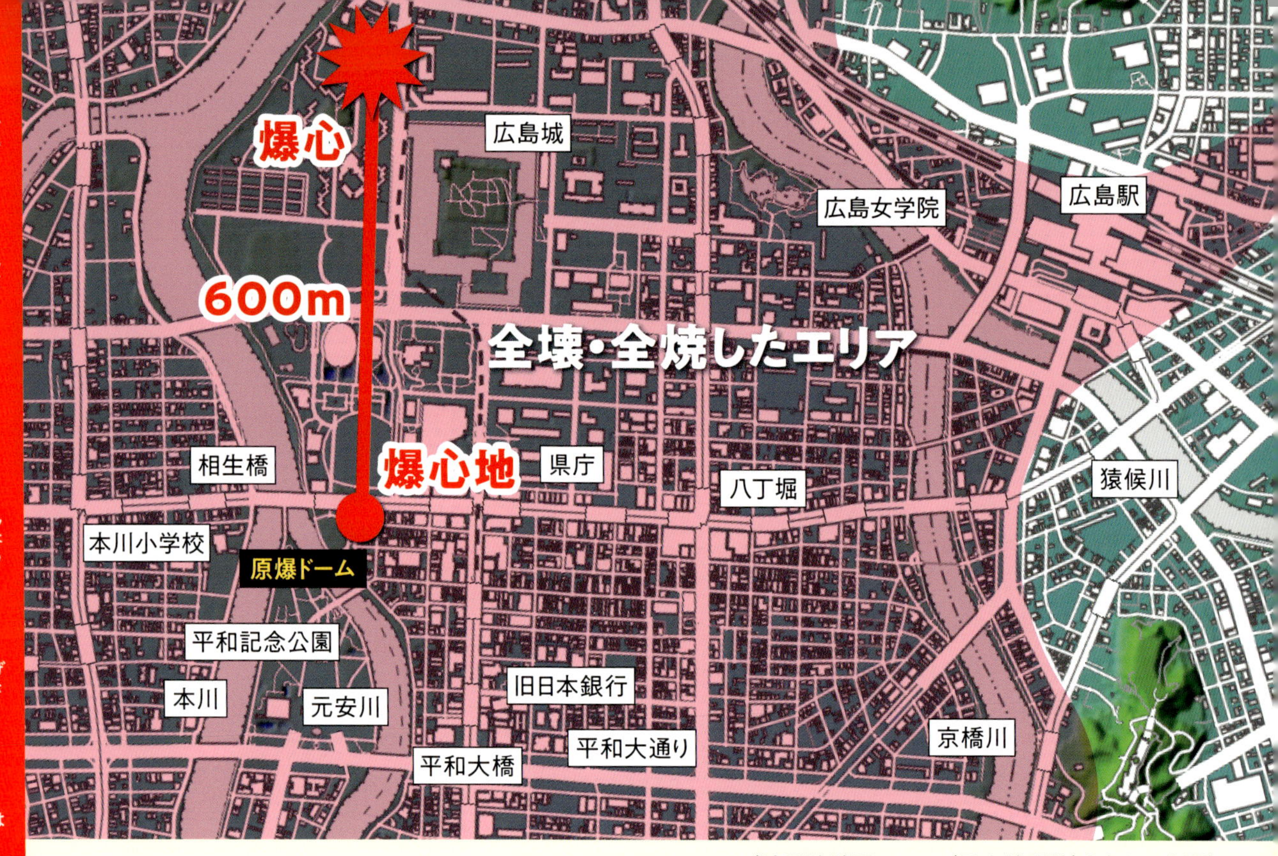

（地理院地図Vector〈国土地理院〉をもとに作図）

原爆が爆発すると、ウランの核分裂反応で出た猛烈なエネルギーが火の玉（火球）を形作り、急激に膨張して衝撃波を生み出します。原爆を地表面ではなく、地上500〜600mで爆発させるのはこの衝撃波の破壊力を利用するためです。衝撃波は地面で反射されて、もともとの衝撃波と合わさって破壊力を倍増し、建物を圧しつぶします。広島原爆の衝撃波の圧力は、爆心地から500m離れた所でも、$1m^2$あたり約11トンだったと推定されています。それは$1m^2$の面に厚さ1.4mの鉄板をおいたほどの圧力に相当します。

衝撃波を追うように爆風がおそいかかります。

爆風は爆心地から100m離れた地点で秒速280mに達したと推定されています。これまで日本で観測された台風の最大瞬間風速は、1966年9月5日に沖縄県宮古島をおそった台風の最大瞬間風速85.3mで、それでも半数以上の住家が損壊し、サトウキビの70%が収穫できなくなりました。

爆風がおさまると、中心部の空気が希薄になり、周囲から爆発点に向かって強烈な吹きもどしがありました。

広島では、爆心地から半径2kmまでの地域では、衝撃波と爆風の影響で木造

広島原爆の爆風。手前に倒れているのは商店の多かった本通沿いに立ち並んでいた鉄製の電柱（提供：毎日新聞社）

広島県産業奨励館（原爆ドーム）と爆心地付近。衝撃波と爆風がほとんど真上から来たため倒壊はまぬがれたが、建物の上面はすべて崩壊した（撮影：米軍、提供：広島平和記念資料館）

原爆のエネルギーの割合

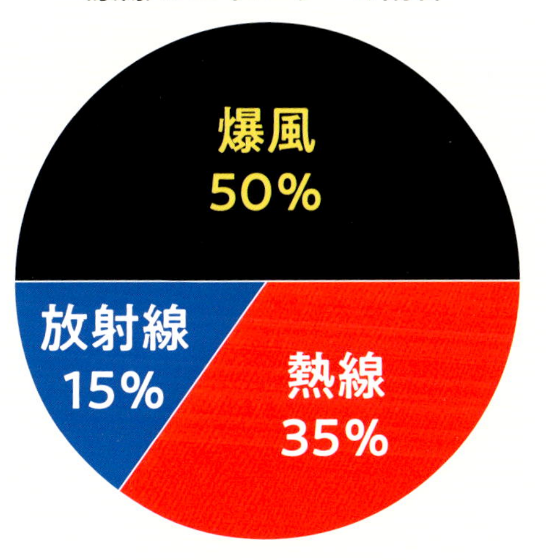

衝撃波と爆風で傾いた時計店。1945年10月上旬、爆心地から620m平田屋町（撮影：林重男氏、提供：広島平和記念資料館）

爆風による被害の程度（原爆被害者対策事業概要より）

爆心地からの距離(m)	最大風速	被害の程度
800m以下	200～300m／秒	耐震構造のコンクリート以外、完全崩壊
1800m以下	72～200m／秒	全ての建物が大破
2600m以下	36～72m／秒	木造建築物では修理しても使用不可
3200m以下	28～36m／秒	部分損壊、修理をすれば使用可能

家屋はほとんどが倒壊し、鉄筋コンクリート製の建物も、崩壊をまぬがれた場合でも窓は全部吹き飛ばされ、内部はつづいて起きた火災によって焼きつくされました。

多くの人が衝撃波で押しつぶされて即死したり、爆風で吹き飛ばされて大けがを負ったりしましたが、倒れた建物の下敷きになって家族の名を呼びながら圧死した人も少なくありませんでした。

広島の熱線被害

爆心地から600mの中島新町で熱線で焦げた弁当箱
（寄贈：折免〈おりめん〉シゲコ氏・広島平和記念資料館所蔵）

写真❶　直接熱線にさらされた部分（左側）と他の瓦が重なっていた部分（右側）の違いが分かる屋根瓦（広島平和記念資料館所蔵、撮影：柿沼秀明）

原爆が爆発するとまず強烈な熱線と放射線が放出され、ついで、形成された火の玉（火球）が急速に膨張して衝撃波と爆風を発生させました。広島は、原爆の熱線と爆風と放射線がもたらす人類史上経験したことのない核地獄に見舞われました。

火の玉から放射された熱線にさらされた爆心地周辺の地表面の温度は、鉄が溶ける温度（1500℃）をはるかにこえて3000℃～4000℃に達しました。爆心地から1.2km以内で直接熱線を浴びた人は体内の臓器にまで障害が及び、即死するか数日以内に死亡しました。爆心地から3.5km離れていても、熱線を素肌に受けた人は火傷を負いました。

爆心地から600m以内で熱線にさらされた屋根瓦は、表面が沸騰してぶつぶつの泡状になりました。写真❶の屋根瓦は、直接熱線にさらされて沸騰した部分と、別の屋根瓦と重なっていて直接熱線を受けなかった部分の違いを示しています。

写真❷の住友銀行広島支店の入り口の石段に座っていた人の影の写真は、「人間が影だけを遺して蒸発した」のではなく、人間の陰になっていなかった部分が熱線に焼かれて変化し、人影が浮かび上がったものです。写真❸と写真❹も同じように、直接焼かれた部分が変化して、陰になった部分が炙り出されたものです。

広島では、熱線を受けた地域に大火災が発生し、爆心地から半径2km以内の地域はほとんど焼失しました。約7万6000戸あった市内の建物の90％以上が、半壊や半焼以上の被害を受けたと言われています。

広島原爆による全壊・全焼地域

横川駅
全壊・全焼地域
広島駅
己斐駅
爆心地
1km
2km
3km

作図：安斎育郎、参考資料：ユネスコ「世界の記憶」登録候補「広島原爆の視覚的資料―1945年の写真と映像」

一面焼け野原になった広島
（撮影：米軍、Wikimedia commonsから）

写真❷　住友銀行広島支店の入り口前で座っていた人の影の跡とされる広島平和記念資料館の展示資料。（寄贈：住友銀行広島支店、広島平和記念資料館所蔵　撮影：柿沼秀明）

写真❸ガスタンクに残ったハンドルの影。爆心地から2000m皆実町一丁目の広島ガス広島工場
（撮影：菊池俊吉氏、米国立公文書館所蔵）

写真❹　爆心地から890m離れた万代橋の欄干の影
（撮影：米軍、米国立公文書館所蔵）

広島の放射線の影響

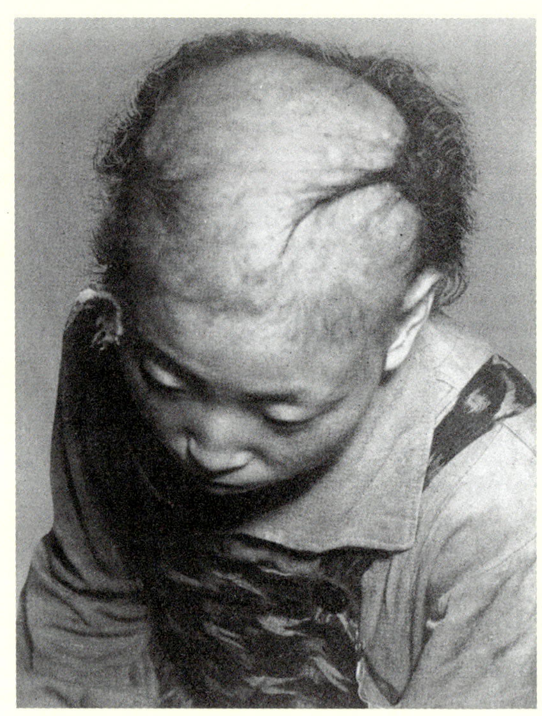

頭髪が抜けた少女。脱毛は放射線の影響のひとつ（1948年、撮影：ローレンス・バークレー国立研究所、米国立公文書館所蔵）

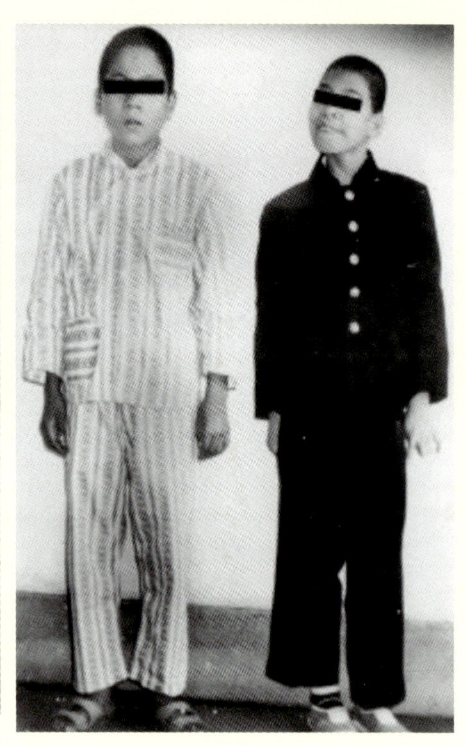

小頭症。爆心地から1・2kmで胎内被爆。脳の発育に強い障害があり、16歳で死亡した（提供：長崎大学原爆後障害医療研究所）

原爆の爆発によって放出された放射線は、被爆者に発熱・はきけ・下痢・脱毛・白内障などの急性障害をもたらしただけでなく、その後も人生全体を通じてがんや白血病などの放射線障害を引き起こし、高齢化したいまも被爆者の健康を脅かしつづけています。心に深い傷を受けて、自ら命を絶った被爆者もいました。母親のおなかの中で被爆した胎内被爆児は、生後も死亡率が高く、小頭症などの脳の発達障害が現れることもありました。

戦争が終わって何年もたってからがんや白血病で亡くなる被爆者も後を絶ちませんでした。被爆者は疲れやすい、だるい、持久力がないなどのため思うように働けないこともあり、「原爆ぶらぶら病」などと呼ばれました。

しかも、被爆者たちは、被爆者だというだけで特別な目で見られ、就職や結婚や社会生活の上で差別や偏見にさらされました。そのため、被爆者であることを心に秘めて暮らした被爆者もたくさんいました。原爆放射線は単に被爆者の体に医学的な影響を与えただけでなく、心にいやすことのできない深い傷を残し、社会生活を営むうえでも深刻な苦難を強いたのです。

いま、被爆者たちが高齢化する中で、父母や祖父母が被爆した被爆2世、3世の

広島原爆による距離別の放射線(ガンマ線・中性子線)被ばく

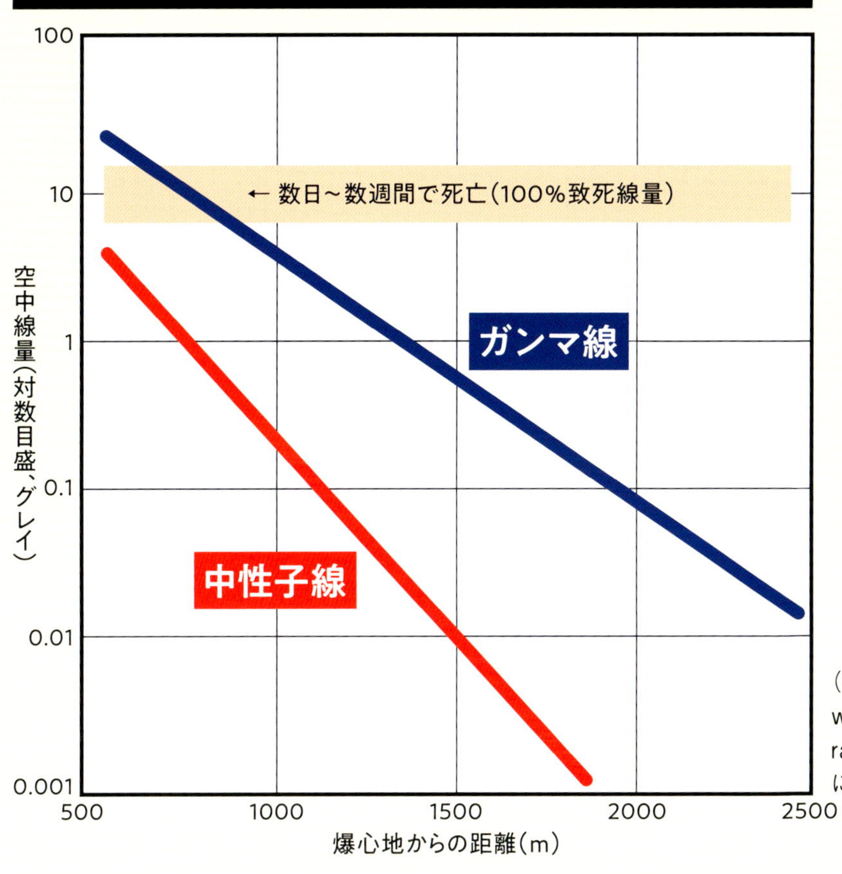

(〈公財〉放射線影響研究所ホームページ〈https://www.rerf.or.jp/programs/general_research/raditiondose/〉のDS02〈2002年線量推定方式〉による線量―距離関係より安斎が作成)

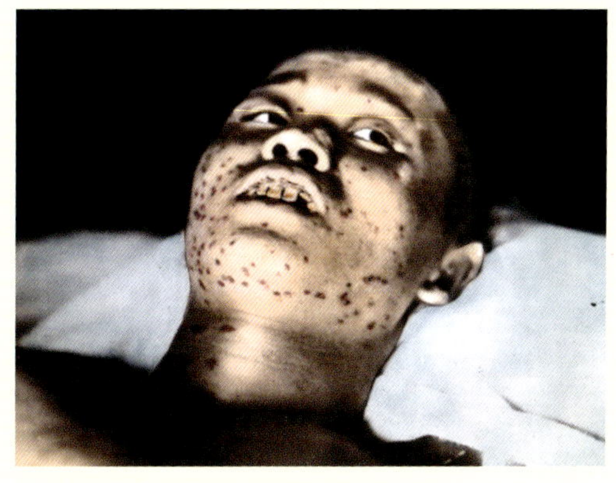

広島の爆心地から1kmの屋内で被爆した21歳の兵士(9月3日、撮影:木村権一氏、提供:広島平和記念資料館)

※注:「グレイ」は放射線を浴びたときに受ける放射線のエネルギーを表す単位ですが、同じ1グレイでも、中性子線の1グレイはガンマ線の1グレイよりも5～20倍影響が大きいと言われています。(参考https://atomica.jaea.go.jp/dic/detail/dic_detail_443.html)

放射線の影響		
医学的影響	身体的影響	脱毛などの急性障害や、白血病を含むがんなどの後障害。
	遺伝的影響	世代をこえて起こるかもしれない障害とその不安。
心理的影響	健康状態に心配があるときや出産時の異常の時などに、「これも被爆のせいではないか」と不安に思う心理。	
社会的影響	被爆者ということで結婚や就職や人間関係に与える悪影響。	

人びとが声を上げつつあります。被爆2世、3世の人たちは、放射線の遺伝的影響への不安を心にいだきながら、同時に、自分たちが被爆2世、3世と名乗ることによって何か不快なことが起こりはしないかという心の片隅の気分をのりこえて、原爆の悲劇を二度とくりかえしてはならないという思いを伝えようとしています。その心を私たちも受けとめたいものです。

広島の「黒い雨」

広島市西部の民家の壁に残った「黒い雨」（寄贈：八島秋次郎氏、広島平和記念資料館所蔵、撮影：柿沼秀明）

広島平和記念資料館に寄贈された佐々木禎子さんの折り鶴。2歳の時に広島原爆の爆心地から約1.6km離れた楠木町で被爆し、爆風で屋外まで飛ばされたものの、ケガはしませんでした。お母さんに背負われて避難する途中で放射能をふくむ「黒い雨」に打たれました（寄贈：佐々木繁夫氏・佐々木雅弘氏、広島平和記念資料館所蔵、撮影：柿沼秀明）

原爆が爆発してからしばらくすると、市内のあちこちで「黒い雨」が降りました。原爆の爆発にともなって巻き上げられた泥やほこりに加えて、発生した大火災のススなどをふくんだ「重油のような粘り気のある大粒の雨」で、原爆から放出された放射性物質をふくんでいました。

原爆が爆発すると超高温の火の玉と火災による上昇気流が生じます。上空に巻き上げられると温度が下がって水蒸気が雨となり、放射性物質やほこりやススをふくんだ「黒い雨」となって広範囲に降りそそぎました。

「黒い雨」を浴びると、ふくまれる放射性物質による二次的な被ばくが原因で、髪の毛が抜けたり、歯ぐきから出血したり、血便が出たりする急性の放射線障害を起こした人もいました。被爆者たちは「黒い雨」が危険なものだとも知らず、喉の渇きを潤すために口にした人も少なくなかったといいます。原爆の爆発のあとに他の地域から人探しや救援のために駆けつけた人びとも「黒い雨」を浴び、その後、何の異常もなく暮らしていた人が白血病などにかかることも少なくありませんでした。佐々木禎子さんもそのような被ばく者の一人でした。

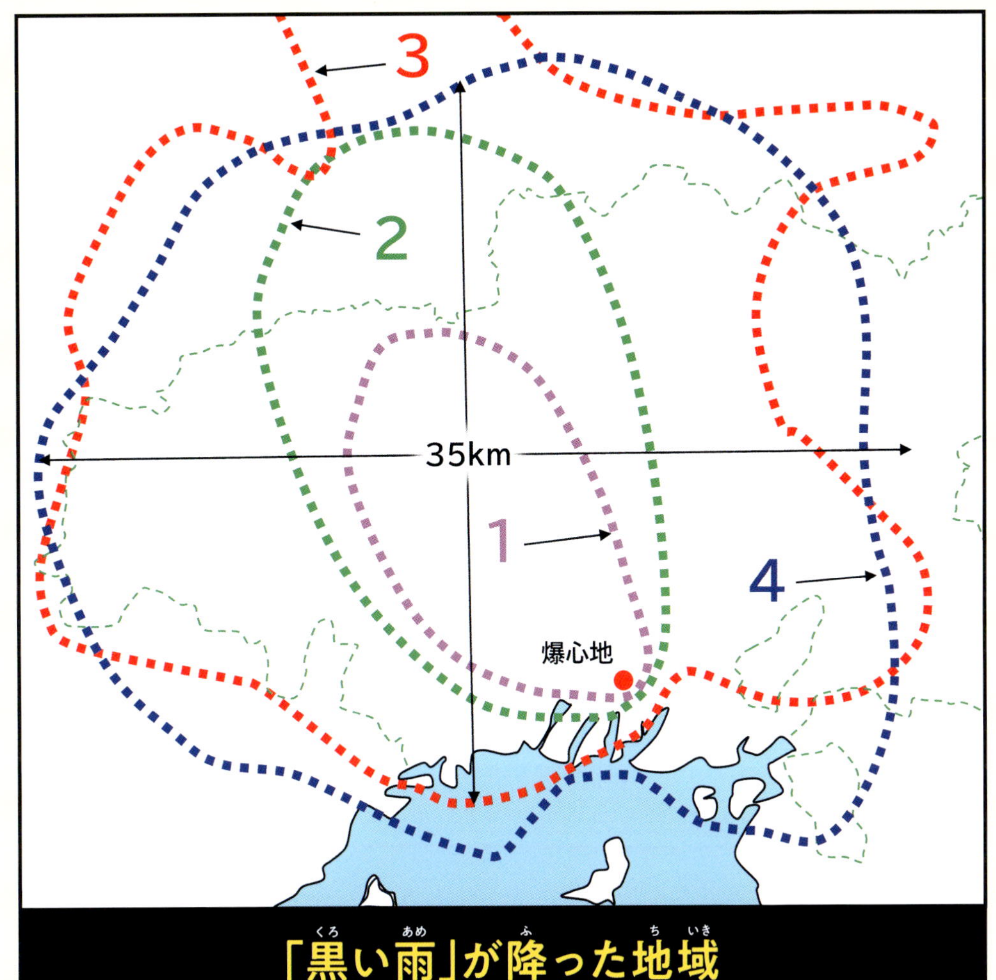

1 宇田道隆氏の降雨調査に基づいて国が指定していた健康診断特例地域（1953年）
2 宇田道隆氏調査で「小雨が降った」という証言があった地域1953年）
3 増田善信氏の調査から推定された降雨地域（1989年）
4 大瀧慈氏の調査から推定された降雨地域（2010年）

作家・井伏鱒二の作品『黒い雨』は映画化され、『ブラック・レイン』として海外にも紹介されました。原爆に直接被爆しなくても、黒い雨のような「二次被爆」の問題もあることが注目されました
（英語版の黒い雨、Masuji Ibuse著,John Bester翻訳『Black Rain』Kodansha International刊）

日本政府は、1976年に、宇田道隆さんが1953年に行った調査に基づいて、原爆投下後に大雨が降った地域を「健康診断特例地域」に指定し、健康診断などを無料で受けられるようにしましたが、指定区域外で「黒い雨」を浴びた被災者も少なくありませんでした。やがて、1989年に気象学者の増田善信さんが独自の調査に基づいて、「黒い雨」が降った地域が従来考えられていた地域よりもはるかに広いことを明らかにし、2010年には大瀧慈さんも同様の調査結果を発表しました。

その後、2022年4月、広島で「黒い雨」を浴びたあと被曝の影響と思われる病気にかかっている人には、「被爆者健康手帳」が交付されることになりました。このような動きの背景には、被爆者が弁護士や科学者とともに裁判に取り組んだ長い道のりがありました。

長崎で起きたこと

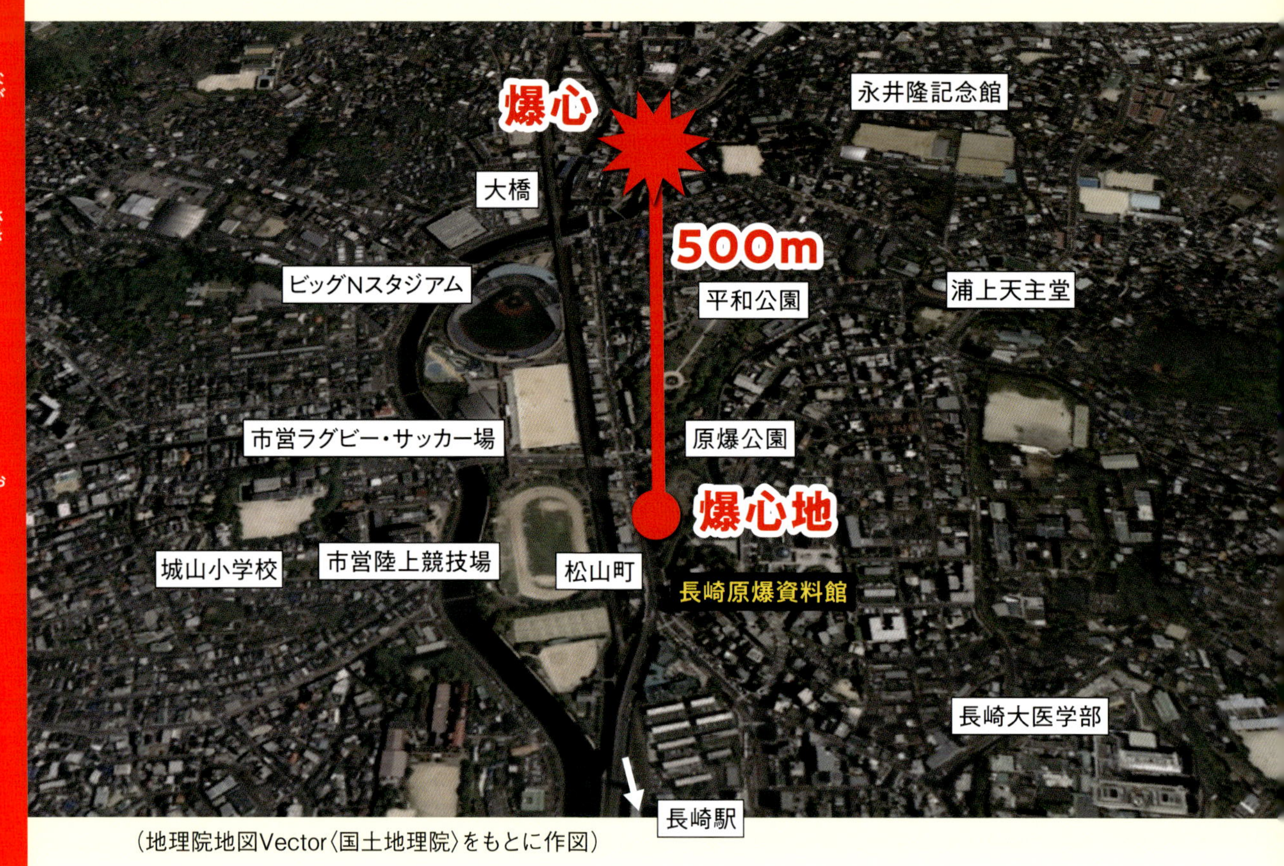

（地理院地図Vector〈国土地理院〉をもとに作図）

第二次世界大戦でドイツが敗北した直後には、アメリカが決めた日本への原爆投下目標の候補地は、❶京都、❷広島、❸横浜、❹小倉の4か所で、長崎は入っていませんでした。その後京都が戦後の国民感情に配慮して外され、7月25日の陸軍省参謀総長室の命令書で、❶広島、❷小倉、❸新潟、❹長崎にしぼられ、8月2日、最終的に❶広島、❷小倉、❸長崎に決定されました。8月6日に広島原爆が投下され、残るは❶小倉、❷長崎になりました。

小倉には小倉陸軍造兵廠という重要な軍事工場があり、総面積58万m^2の巨大な敷地の工場では、小型戦車、小銃、機関銃、高射機関砲、砲弾、風船爆弾、化学兵器などがつくられていました。

8月9日、プルトニウム原爆をたずさえてテニアン島を飛び立ったB29「ボックス・カー」は、しかしながら、第一目標の小倉爆撃に失敗して長崎に向かいました。ボックス・カーは燃料不足のため余裕がなく、もう失敗は許されない状況でした。

長崎上空は雲におおわれていましたが、わずかな雲の切れ間から長崎市街を確認したこの日27歳の誕生日をむかえたカーミット・ビーハン爆撃手は、10時58分、

目標とされていた旧小倉陸軍造兵廠跡地の勝山公園にある長崎の鐘。毎年8月9日に原爆犠牲者慰霊平和祈念式典を行っている（後ろは北九州市立中央図書館。撮影：Wiki591801、Wikimedia commonsから）

浦上天主堂で1945年11月23日に行われた慰霊祭、（「昭和二十年八、九 戦災記録繪はがき」長崎市役所発行、Wikimedia commonsから）

浦上天主堂西側、山里町の民家の焼け跡＝1945年9月8日（米国立公文書館所蔵）

高度9600mから手動操作で原爆を投下しました。原爆は松山町171番地のテニスコート上空500mで爆発し、その年の内に7万4000人の命を奪い、歴史と文化の街・長崎は廃墟と化しました。

実際には、長崎に第2の原爆など投下しなくても日本の敗戦は明らかでしたが、アメリカには開発したプルトニウム原爆の効果を確かめる目的に加えて、戦後に世界支配をめぐって対立するソ連に圧力をかけるねらいもあったと考えられています。事実、この日、ソ連は国境を越えて多くの日本人が住んでいた「満州」からいっせいに日本軍に攻撃を加えていました。

長崎原爆の衝撃波と爆風

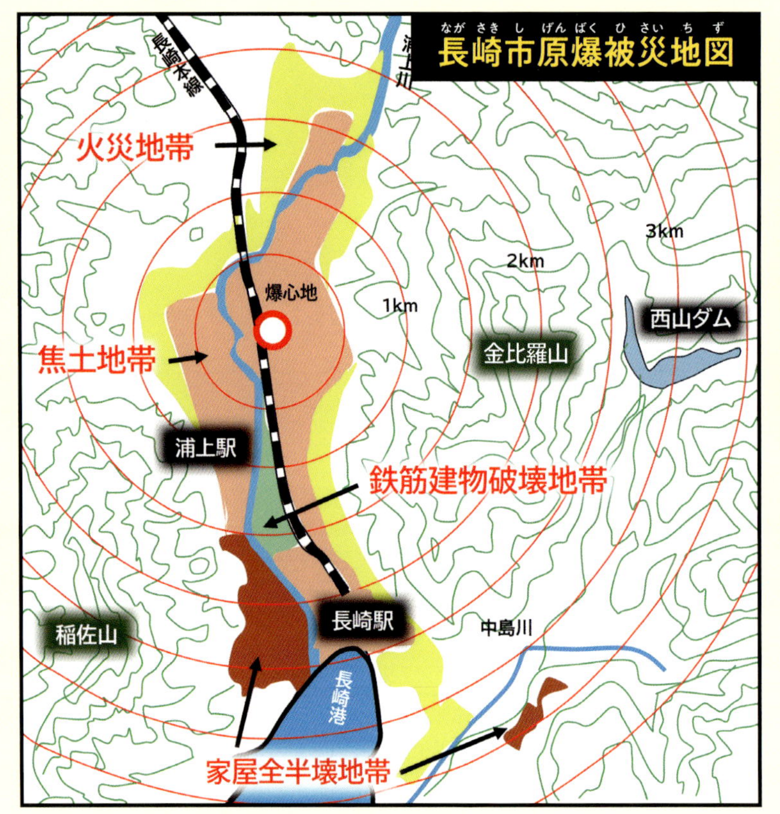

長崎市原爆被災地図（作成：安斎育郎、参考資料：広島市・長崎市原爆被災誌編集委員会「長崎原爆の建物の被害状況」）（1979年、https://www.genken.nagasaki-u.ac.jp/abcenter/sdr/1990-2/RR90-2-004.PDF）

一本柱鳥居は山王神社二の鳥居で、強烈な爆風により爆心地側の半分は吹き飛ばされ片方の半分が残りました。後方の山は岩屋山（撮影：林 重男氏、長崎原爆資料館所蔵）

長崎原爆はプルトニウム原爆で、広島のウラン原爆とは材料は異なりましたが、核分裂反応の熱でできた火球から強烈な衝撃波が放出され、つづいて破壊的な爆風が町を壊滅させた点は同じでした。

長崎では、衝撃波によるマッハ効果が顕著に見られることが原爆投下直後に長崎入りした学術調査団が残した34点の写真の分析から明らかになりました。意外なことに、爆心地から500mぐらい離れたところからドーナツ状に、衝撃波と反射衝撃波の作用で破壊力が増幅される現象（マッハ効果）が顕著に観察されたのです。

爆心地の西500mにあった旧・城山国民学校では、鉄筋コンクリート建ての校舎が湾曲し、厚いコンクリートの壁が跡形もなく粉砕されていました。138人が命を落としましたが、遺体の半数近くが衝撃波と爆風によって激しく損壊していました。

実は、アメリカは原爆投下前から爆風の威力を高めるために衝撃波による「マッハ効果」の発生を計算していたことが知られています。原爆投下の4か月前には、上空約500～600mで爆破させることによって「衝撃波＋爆風」の威力を最大限に高

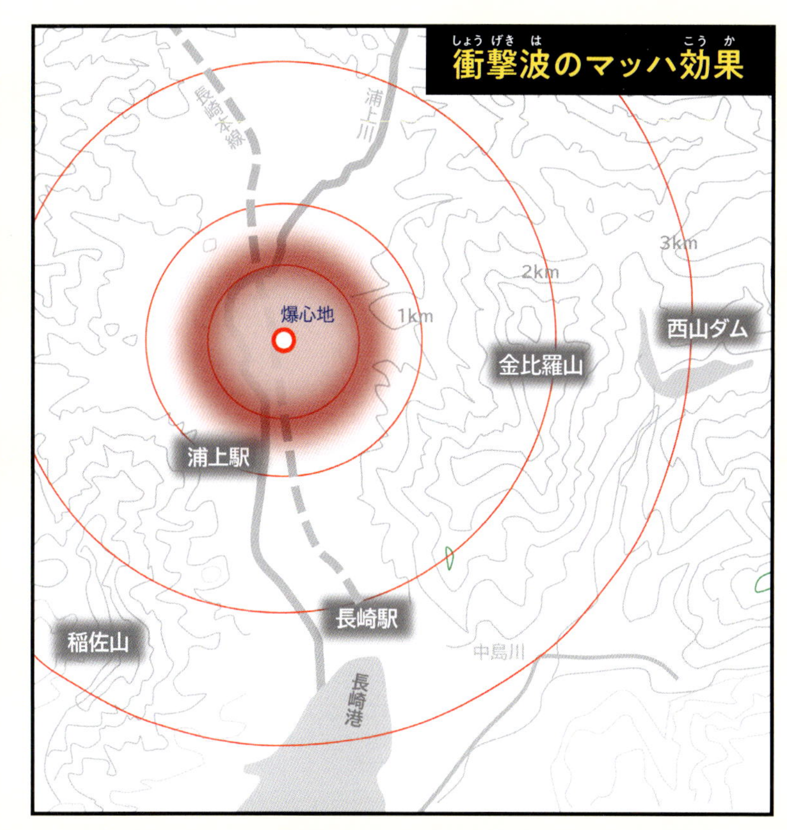

赤い部分が衝撃波ステム（衝撃波が反射衝撃波との相互作用で破壊力を強める現象）と思われる地域（作図：安斎育郎、参考資料：NHKスペシャル「知られざる衝撃波～長崎原爆・マッハステムの脅威～」（https://www.nhk.or.jp/special/backnumber/20140818.html）

爆風で破壊された旧・城山国民学校の校舎（撮影：米軍、米国立公文書館所蔵）

爆風の風速と爆心地からの距離の関係

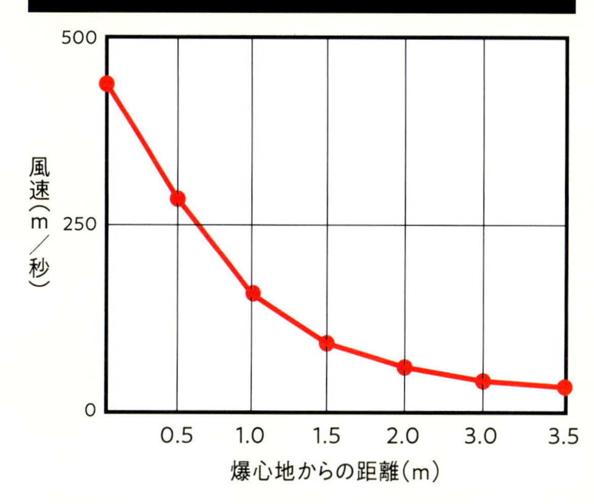

参考資料：奥村寛「長崎原爆の威力」（https://www.genken.nagasaki-u.ac.jp/abcenter/sdr/1990-2/RR90-2-004.PDF

長崎原爆の爆風による被害

爆心地からの距離(m)	最大風速	被害の程度
800m	200m／秒	鉄筋コンクリート建物の完全破壊
1800m	72m／秒	木造家屋の完全破壊
3200m	28m／秒	木造家屋の部分破壊（修理可能）
3600m	25m／秒	軽い損害（窓ガラス全破）

めることができることを詳しい計算で割り出していたと言われています。長崎に投下された爆縮型プルトニウム原爆は、広島に投下された砲身型ウラン原爆よりも強力なマッハ効果が発生する原爆だったのです。

被爆当時、500m以内に住んでいた3828人のうち、92.55%に当たる3543人が即死したと記録されています。

原爆は家いえをなぎ倒し、下敷きになった人びとは逃げることもできずに、おそってきた火災で焼き殺されました。原爆は普通の爆弾とは違い、強烈な衝撃波と爆風と火災の複合作用で命を奪う残酷な兵器です。

長崎原爆の熱線

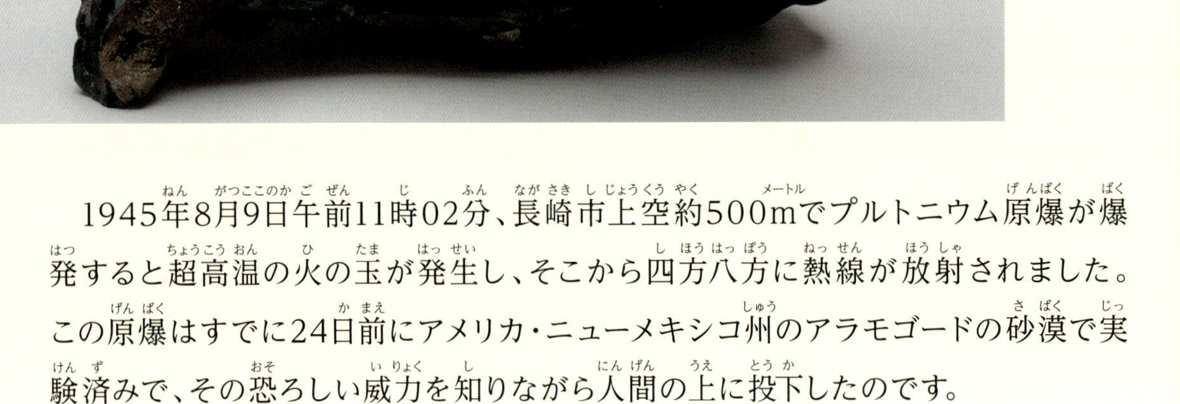

原爆の熱線で溶けた瓶
（寄贈：岡田寿吉氏、長崎原爆資料館所蔵）

1945年8月9日午前11時02分、長崎市上空約500mでプルトニウム原爆が爆発すると超高温の火の玉が発生し、そこから四方八方に熱線が放射されました。この原爆はすでに24日前にアメリカ・ニューメキシコ州のアラモゴードの砂漠で実験済みで、その恐ろしい威力を知りながら人間の上に投下したのです。

熱線は爆心地周辺の燃えるものすべてに火を噴かせ、激しい火災を起こして、建物や人びとを焼きつくしました。爆心地から2km以上離れた長崎駅の南側も火災で全焼しました。焼け野原になった長崎の街には、そこここに黒焦げになった人の遺体が転がっていました。原爆による死者の約60％は、熱線と火災の両方による熱傷が原因だったと考えられています。強烈な熱線と激しい火災に加えて、衝撃波と爆風によって倒れた家屋の下敷きになって、生きながら焼かれて命つきた人も少なくありませんでした。

かろうじて生き残った被爆者も、顔や背中にミミズばれのようなケロイドを遺し、人生を通じて被爆者を苦しめつづけました。被爆者の山口仙二さんや谷口稜曄さんは自分たちが体験した熱傷の傷あとを国際連合（国連）の会議などで世界の人びとに見せ、核兵器廃絶の大切さを訴えかけました。

熱線はガラス瓶を溶かし、屋根瓦の表面を泡立たせ、建物の壁にはしごや人の陰を焼き付けました。私たちは被爆者の体験談や遺された被爆遺品を通じて原爆の熱線の恐ろしさを学び、二度と再び核兵器の犠牲者を出さないためにはどうすればいいか、考え、行動しなければならないでしょう。

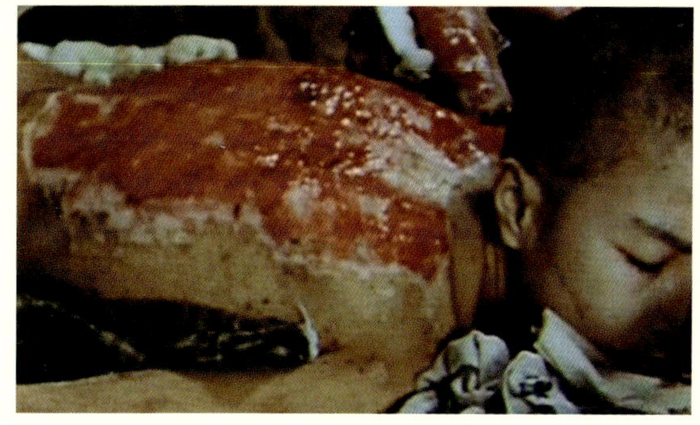

上写真／谷口稜曄さんは、真っ赤な背中の熱傷写真を名刺にも入れて人びとに訴えた（提供：谷口稜曄氏）
右写真／山口仙二さんは国連で顔や首にケロイドが残る自分の写真を掲げ、各国代表に「私の顔を見て下さい」と語りかけ、核兵器廃絶を訴えた（提供：山口仙二氏）

長崎原爆による全焼・全壊地域

三菱兵器寮
三菱兵器
浦上天主堂
城山国民学校
爆心地
金比羅山
0.5km
1km
1.5k
2km
浦上駅
三菱兵器
稲佐山
三菱造船
長崎駅
三菱電機
長崎港
出島

全壊全焼地域
全焼
全壊
半壊

（作図：安斎育郎、提供：長崎大学原爆後障害医療研究所「物理的被害地図」〈https://www.genken.nagasaki-u.ac.jp/abomb/pdamage_j.html〉を基にして作成）

原爆の熱線を浴びたところが泡立ったあとがあり、浴びてないところはあとがない瓦の破片（米国立公文書館所蔵）

長崎の放射線

長崎原爆の威力は、広島原爆の1.5倍近くありました。放出されたガンマ線と中性子線は、広島原爆と同じように被爆者にさまざまな放射線障害をもたらし、たくさんの命を奪いました。広島と長崎のデータを合わせて分析した結果、たとえば白血病はたくさん被ばくした被爆者ほど高い割合でにかかることもわかりました。

しかし、放射線の影響については、まだ科学的によくわかっていないことも少なくありません。たとえば、被ばくがあるレベルより低ければ影響がないのか、それとも被ばくが少ない場合でも少ないなりの割合でがんや白血病の危険があるのか、放射線は世代をこえて遺伝的影響を起こすのかなどは、まだ十分わかっていません。しかし、科学的に解明されていないからといって、現に苦しんでいる被爆者を支援しないのは正しくないでしょう。長崎の被爆２世の人たちは、自分たちの体験をもとに遺伝的影響をめぐって裁判を起こしましたが、2025年1月に最高裁判所で訴えが退けられました。原爆は、被爆者の生涯にわたって健康への不安を残しただけでなく、世代をこえて不安を残しています。

長崎の被爆者の木戸季市さんは、高校時代に、長崎県外で働いたことがある被爆者の女性の先生から衝撃的な話を聞きました。被爆者だと分かると結婚話がみ

（写真・左）ヒバクシャ国際署名連絡会は2018年10月10日、国連本部で開催中の国連総会第1委員会（軍縮・国際安全保障）のイオン・ジンガ議長（ルーマニア国連大使、左から二人め）に、830万403人分（9月30日時点）の、核兵器廃絶を求める署名の目録を提出しました。提出は連絡会を代表して、日本被団協の木戸季市事務局長（同、三人め）と濱住治郎事務局次長（同、四人め）によって行われ、提出の場には昨年に引き続き中満泉軍縮担当上級代表（事務次長、左はし）が同席した（提供：日本被団協）

な破談し、結局結婚できなかったというのです。先生は、木戸さんに、「被爆したことは広島と長崎では話してもいいけれど、よそでは絶対に話してはいけない」と言われました。原爆は健康上の問題だけでなく、生涯を通じて被爆者に社会的な差別や偏見の苦しみを与えたのです。木戸さんは原爆の残酷さを心に刻み、その後、全国の被爆者の声を束ねる日本原水爆被害者団体協議会の事務局長として被爆者運動に取り組み、核兵器をなくすために国内外で活躍しました。

長崎原爆による距離別の放射線（ガンマ線・中性子線）被ばく

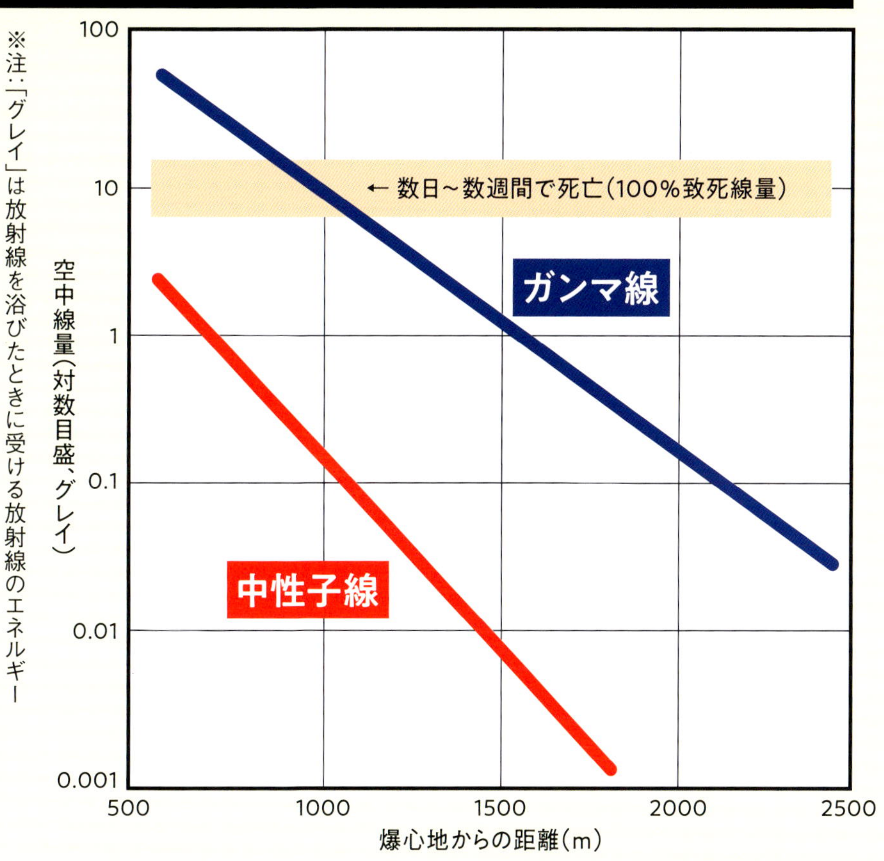

※注：「グレイ」は放射線のエネルギーを表す単位ですが、同じ1グレイでも、中性子線の1グレイはガンマ線の1グレイよりも5～20倍影響が大きいと言われています。
https://atomica.jaea.go.jp/dic/detail/dic_detail_443.html

広島・長崎の原爆被爆者に見られた白血病

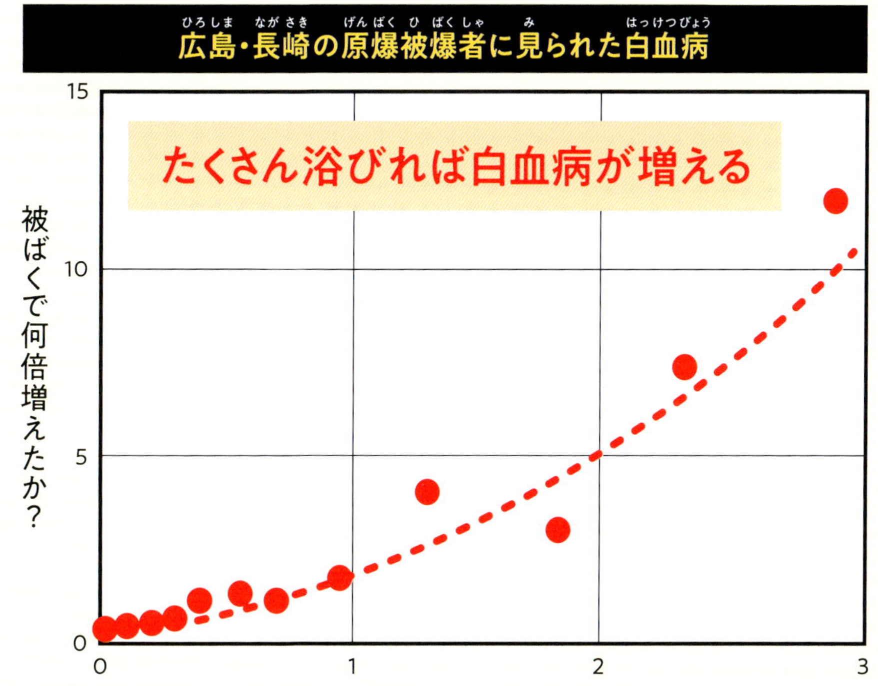

出典：Wan-Ling Hsu et.al.The Incidence of Leukemia,Lymphoma and Multiple Myeloma among Atomic Bomb Survivors: 1950-2001,RADIATION RESEARCH 179, 361-382（2013）より作成

長崎の「黒い雨」

（作図：安斎育郎）

長崎上空でプルトニウム原爆が爆発した約20分後、爆心から約3km東にある西山地区で「黒い雨」が降り出しました。爆心地と西山地区の間には海抜366mの金比羅山があり、原爆の熱戦や爆風に直撃されることはありませんでしたが、戦後になって原因不明の体調不良を訴える住民が少なくなく、中には亡くなる人もいました。

実は、風に乗って運ばれてきた放射性物質や、「黒い雨」にふくまれていた放射性

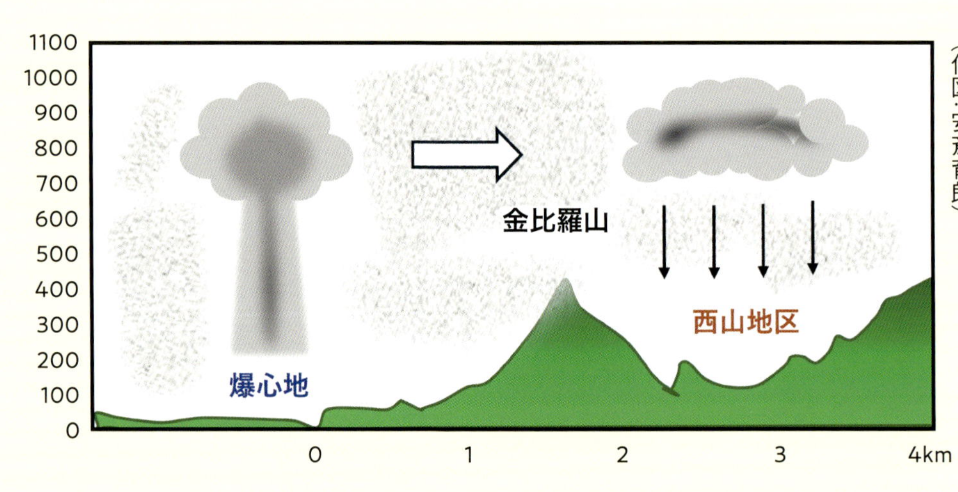

「黒い雨」が放射性物質を降らせた（作図：安斎育郎）

「黒い雨」を浴びた人も被爆者と認定するように求める裁判の判決を前に、広島高裁へ向かう原告団の人たち（広島市中区で2021年7月14日、毎日新聞社）

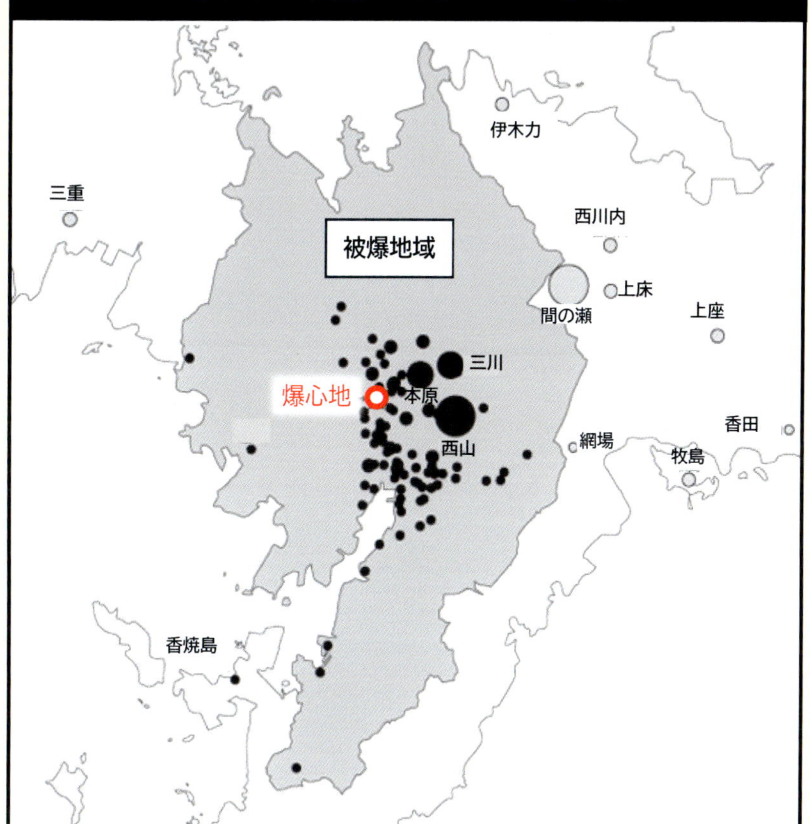

放影研のデータをもとに作成した長崎市の「黒い雨」マップ。「黒い雨」は西山地区だけに降ったのではなく、広範囲に降雨が見られた。（「全国保険医新聞」2011年12月15日号掲載〈https://hodanren.doc-net.or.jp/iryoukankei/seisaku-kaisetu/111215blackrain.html〉を基に安斎育郎作成）

物質が西山地区の住民に放射線を浴びせかけていたのです。しかし、国は、国が指定する被爆地域以外の人びとを被爆者とは認めませんでした。

長崎原爆に遭いながら国の指定地域の外にいたという理由で被爆者と認められていない人びとは「被爆体験者」と呼ばれました。原爆被爆から何十年もの間、被爆体験者は国が「被爆者」として認定し、医療などの援護が得られるようにしてほしいと強く働きかけつづけました。

広島では2021年7月に広島高等裁判所が被爆者らの「黒い雨」についての訴えを認め、国が定める区域の外で「黒い雨」を浴びた人も被爆者と認める判決が出され、被爆者健康手帳が交付されていましたが、長崎は対象外でした。「黒い雨」についての長崎県の専門家会議は2023年7月に「被爆体験者」を後押しする報告書をまとめましたが、国はそれでもなお「被爆者として認定することはできない」と判断しました。

「黒い雨」が降った地域は、西山地域だけではないことも指摘されてきました。

本田孝也医師は、2021年12月、「黒い雨」についての1万3000人分のデータが放射線影響研究所（放影研）にあることをつきとめ、長崎市の「黒い雨」の分布を明らかにしました。被爆体験者は年ねん高齢化しており、国が一日も早く援護の手を差しのべることが期待されます。

さくいん

■ 安斎育郎（あんざい　いくろう）

1940年、東京生まれ。東京大学大学院工学系研究科原子力工学専攻課程修了。工学博士。東京大学医学部助手、東京医科大学客員助教授を経て、立命館大学経済学部教授、国際関係学部教授。立命館大学国際平和ミュージアム館長、現在、終身名誉館長。「平和のための博物館国際ネットワーク」名誉ジェネラル・コーディネーター。ベトナム文化・情報事業功労者記章、韓国ノグンリ国際平和財団第4回人権賞、日本平和学会第4回平和賞、ウィーン・ユネスコ・クラブ地球市民賞を受賞。放射能、原子力、核軍縮、平和、環境問題、批判的思考に関する100冊以上の著書がある。近著に『戦争と美術:戦後80年、若者たちに伝えたい』（共著）『戦争と科学者』『私の反原発と「福島プロジェクト」の足跡』（以上かもがわ出版）、『シリーズ戦争 語りつごう沖縄』全5巻『シリーズ戦争 語りつごうヒロシマ・ナガサキ』全5巻（以上新日本出版社）など。

デザイン：
株式会社 商業デザインセンター 松田礼一

資料提供・取材協力：
日本原水爆被害者団体協議会、広島市広報課、広島平和記念資料館、長崎市広報課、長崎原爆資料館、日本原水爆禁止日本協議会、原水爆禁止2024年世界大会、山口仙二、谷口稜曄、長崎大学原爆後障害医療研究所、石川町立歴史民俗資料館、大津市歴史博物館、毎日新聞社、中国新聞社、gettyimages、米国立公文書館、国土地理院（順不同・敬称略）

参考資料：
公益財団法人長崎平和推進協会著『長崎原爆資料館』（公財）長崎平和推進協会、長崎市編『ながさき原爆の記録』（公財）長崎平和推進協会、広島平和記念資料館編『広島平和記念資料館総合図録』（公財）広島平和文化センター、久知邦著『谷口稜曄聞き書き 原爆を背負って』西日本新聞社、奥住喜重・工藤洋三編著『写真が語る日本空襲』現代資料出版、工藤洋三・奥住喜重編著『写真が語る原爆投下』工藤洋三・奥住喜重、工藤洋三著『米軍の写真偵察と日本空襲』工藤洋三、工藤洋三・金子力著『原爆投下部隊』工藤洋三・金子力、公益財団法人放射線影響研究所ホームページ、Wikipedia

わすれないヒロシマ・ナガサキ
1 原爆（げんばく）はなぜ落（お）とされた

2025年4月30日　初　版
NDC210　64P 27 × 22cm

文・監修	安斎育郎
発行者	角田真己
発行所	株式会社 新日本出版社 〒151-0051 東京都渋谷区千駄ヶ谷4-25-6
電話	営業03(3423)8402　編集03(3423)9323
メール	info@shinnihon-net.co.jp
ホームページ	www.shinnihon-net.co.jp
振替	00130-0-13681
印刷	光陽メディア
製本	東京美術紙工

落丁・乱丁がありましたらおとりかえいたします。
© Ikuro Anzai 2025
ISBN978-4-406-06866-6 C8321 Printed in Japan

本書の内容の一部または全体を無断で複写複製（コピー）して配布することは、法律で認められた場合を除き、著作者および出版社の権利の侵害になります。小社あて事前に承諾をお求めください。

原爆投下後の長崎爆心地周辺（撮影：米軍、米国立公文書館所蔵）